総合演習の理論と実践

森山 賢一 ［編著］

学文社

はじめに

　現在，教育とりわけ学校や教師に関して大きな課題が提示されている。言うまでもなく，学校教育において子どもたちに直接関わり，そこで重要な役割を担っているのは教師であり，その教師の資質・能力の向上はよりよい学校教育の創造において中心的な前提となる。

　ここでは，教育職員養成審議会第1次答申の「新たな時代に向けた教員養成の改善方策について」(1997年7月)において，今後特に教員に求められる具体的な資質能力として(1)地球的視野に立って行動するための資質能力，(2)変化の時代を生きる社会人に求められる資質能力，(3)教員の職務から必然的に求められる資質能力の3点が示されている。

　このうち，(1)「地球的視野に立って行動するための資質能力」を育てるための具体的方策として大学教職課程においては「教職に関する科目」に「総合演習」が必要であるとされ，1998年6月の教育職員免許法の改正によって「総合演習」が必修科目として新設されたのである。

　本書の発刊にあたっては，科目「総合演習」のねらいの明確化，さらにそのねらいを踏まえた学習内容と方法の明確化と演習の進め方の具体的，実践的な解説を中心として構成されている。以下に構成された内容に立ち入って述べてみることにする。

　本書の内容においては，第1部で「総合演習」の学習にあたって，現在の教育改革と教員養成，特に教員の資質能力について論じ，また大学における「総合演習」とも関わりの深い「総合的な学習の時間」についても解説した。

　第2部においては，実際の演習内容のテーマ，つまり，人間の尊重，地球的環境，異文化理解，少子高齢化と福祉，家庭のあり方，家庭の教育力について解説している。第3部では演習の方法をわかりやすく説明し，巻末には，参考資料として必要と思われる資料を掲載した。

　最後に各大学の教員養成においてこの「総合演習」についての理解が深まり，

充実した演習が実践されることを期待するものである。

　本書の出版にあたり学文社の三原多津夫氏ならびに編集部のみなさまに心から感謝する次第である。

　　2006年11月

　　　　　　　　　　　　　　　　　　　　　　　編著者　森山賢一

目　次

はじめに

第1部　総合演習の学習

第1章　教育改革と教員養成 ―――― 8
1. 社会の変化と教育改革　8
2. 教員の資質と教員養成　9

第2章　教育改革と「総合的な学習の時間」 ―――― 14
1. 「総合的な学習の時間」創設の経緯とねらい　14
2. 「総合的な学習の時間」の教育課程上の位置づけ　15
3. 「総合的な学習の時間」の評価　18
4. 総合演習とのかかわり　20

第3章　総合演習の目的とねらい ―――― 23
1. 総合演習が設置された背景　22
2. 審議会の求める教師像　23
3. 総合演習の設置　25

第4章　総合演習の評価 ―――― 29
1. 評価の目的と種類　29
2. 評価の方法と実際　30

第2部　地球的視野に立って行動する資質能力を育てる学習

第1章　人間・人権の尊重 ―――― 34
1. 人間社会と差別　34
2. 普遍的文化としての基本的人権　35
3. 国際連合と人権問題　38
4. わが国における人権問題　47

5　学校における人権教育　51
　　6　演習の実際　55

第2章　地球環境 ─────────────────────── 60
　　1　環境問題と環境教育　60
　　2　地球環境問題　63
　　3　自然環境の保全と利用　99

第3章　異文化理解 ─────────────────────── 103
　　1　わが国の現状と異文化理解　103
　　2　異質な存在を認める異文化理解　104

第4章　少子高齢社会と福祉 ───────────────── 128
　　1　少子高齢社会の現状と見通し　128
　　2　少子高齢社会の要因と背景および影響　133
　　3　社会福祉と地域福祉の推進　139

第5章　家庭のあり方と教育 ───────────────── 149
　　1　家庭の変化──核家族化と少子化　149
　　2　子育て支援と保育所の役割　154
　　3　家庭の教育力と母親・父親の役割　155

第3部　演習形式の進め方

第1章　教員の職務と演習 ────────────────── 160
　　1　教員の職務と演習　160
　　2　ディスカッション　160
　　3　ディベート　164
　　4　ロール・プレイ　168
　　5　スピーチ　172
　　6　ワークショップ　176
　　7　ブレーンストーミング　180
　　8　プレゼンテーション　184
　　9　調査・研究・体験活動　188

第2章 指導計画作成と場面指導 ─────────────── 193
  1 指導計画作成と場面指導 193
  2 指導計画の作成 194
  3 場面指導の進め方 196

おわりに 199
参考文献 201

資料編 ──────────────────────────── 203
  1 日本国憲法（抜粋） 203
  2 旧教育基本法と「改正」教育基本法の比較 205
  3 小学校学習指導要領（抜粋） 210
  4 中学校学習指導要領（抜粋） 213
  5 高等学校学習指導要領（抜粋） 215

第1部　総合演習の学習

第1章　教育改革と教員養成

1 社会の変化と教育改革

　わが国は現在急激な社会の変化のなかで，多くの課題を抱えている。世界的規模での大気汚染，地球環境温暖化，自然環境の保全などの地球環境の問題，出生率の低下，長寿化の進行にある少子高齢社会の問題，それに伴う福祉，介護，子育て支援等の課題，さらには，家庭や地域の教育力の低下の問題など，さまざまな現代的な課題を含んでいる。
　また，急速で高度な情報化社会の進展によって社会の在り方そのものが大きく変化している現状にある。情報化とともに国際化は年を追うごとに大きく進んでおり，まさに国際社会がわれわれの現実のものとなっている。
　以上のような21世紀を迎えた今日の社会における課題は世界的視野で議論され解決がなされなければならない。
　すなわち，21世紀に生きるわれわれにとっては，「地球的視野に立って行動する資質や能力」が求められているのである。
　このような複雑で激動の社会のなかでは，子どもの教育を担う教員の養成においてもこのことが深く関わることはいうまでもない。特に教員の資質向上とも関連し，1997年7月の教育職員養成審議会第1次答申「新たな時代に向けた教員養成の改善方策について」においては，第一に「地球的視野に立って行動するための資質能力」をあげている。ここでは教員の資質や能力を育てるために，「教職に関する科目」として「総合演習」を2単位新設することとなった。
　また，学校においても社会の大きな変化に伴って教育改革，新しい学校の創造が進められ，変化に対応できる「生きる力」を育む学校づくりが学習指導要

領改訂を契機として積極的に取り組まれている。現在の学習指導要領の最大の特徴は「総合的な学習の時間」の新設である。小学校3年から中学校，高等学校にあって必修とするものであるが，「総合的な学習の時間」の充実は，特色ある学校づくり，「生きる力」の育成に関わってその成否の鍵を握っているといえる。

「総合的な学習の時間」の新設によって学校教育のカリキュラムは，各教科，特別活動，道徳（小学校，中学校），総合の領域によって構成され，ここでは有機的関連も重要な課題であろうし，「総合的な学習の時間」そのものの授業づくりは，現在の激しい社会の変化のなかで子どもたちに新しい資質や能力を育成していく大きな使命をもっている。

2 教員の資質と教員養成

1 教員に求められる資質・能力

1997（平成9）年に教育職員養成審議会（以下「教養審」）が「新たな時代に向けた教員養成の改善方策について（第1次答申）」を文部大臣に提出したが，ここでは「教員に求められる資質能力」を「いつの時代も教員に求められている資質能力」と「今後特に教員に求められる具体的資質能力」の2つの面から説明がなされている。これは，1987（昭和62）年の教養審答申における教師の資質能力に関する記述を踏まえ，さらに「今後特に教員に求められる具体的資質能力」が新しく付け加えてとらえられている。

この1997（平成9）年の教養審答申では教員の資質能力を次のように示している。

「未来に生きる子どもたちを育てる教員は，まず，地球や人類の在り方を自ら考えるとともに，培った幅広い視野を教育活動に積極的に生かすことが求められる。」

「教員は変化の時代を生きる社会人に必要な資質能力をも十分に兼ね備えていなければならない。」

このことは，教育の中心的役割を担う教員に対して現在の学校教育や子どもたちが抱える問題に適切に対応できる力が求められていることを意味している。

このような教師に求められる資質や能力は，養成段階だけで培われるものではなく，教職生活の過程を通じて形成されるものであることはいうまでもないが，教員養成においても，新しい教師の専門性を踏まえた取り組みが提言された。

ここでは，教員養成カリキュラムの改善点として，「教職への志向と一体感の形成」，「教職に必要な知識及び技能の形成」，「教科等に関する専門的知識及び技能の形成」の基礎の確実な修得の必要性から教職教養の重視が強調され，この経過に基づいて，教育職員免許法の大きな改正が行われた。文字通り1997（平成9）年の教養審第1次答申が教育職員免許法改正の出発点であるといえる。

2 教員養成カリキュラムの改正

ここでは，この改正における大きな変更点について要点をあげながら現代の教員養成について解説することにする。

まず第1に，「教職に関する科目」と「教科に関する科目」の必要単位のバランスが大幅に変更となった点があげられる。

「教科に関する科目」の最低修得単位数が減少し，さらにこれまでは専修免許状に対してのみ設定されていた「教科又は教職に関する科目」が一種免許状ならびに二種免許状についても設けられた。このことによって「教科に関する科目」の単位数は，中学校および高等学校一種免許状の場合，これまでの40単位から20単位へと大幅な減少がみられ，「教科又は教職に関する科目」は中学校一種免許状の場合，8単位，高等学校一種免許状の場合は，16単位となった。したがって，中学校一種免許状の場合，差し引いた12単位を「教科に関する科目」の単位に充てることになる。

以上のような「教科に関する科目」の大幅な減少は，中等教育における教員の教科に関する専門的知識・技能といった分野の能力低下につながる危険性も指摘されている。さらに，教育学部以外の学部における教員養成にも実質的に

厳しい状況となっている。

　第2にあげなければならない点は,「教職に関する科目」の重視のなかで「総合演習」と「教職の意義等に関する科目」が新設されたことである。「総合演習」はのちに詳細に解説されるのでここでは省略するが,「教職の意義等に関する科目」については,さきの教養審における議論のなかで,「教職ガイダンスに関する科目」「教職への志向と一体感の形成に関する科目」といった名称でも呼ばれていた経過もあり,「教職とは何か。教師とは何か」について深く考えるきっかけを与えることを目的とした教職へのオリエンテーション的な科目として位置づけられている。

　この科目の内容としては,「教職の意義及び教員の役割,職務内容等に関する知識の教授や,自らの進路に教職を選択することの可否を適切に判断することに資する各種の機会の提供など」があげられている。各大学における実際の授業名は「教職入門」「教職概論」「教師論」等として開講されている。

　第3には,教職に関する科目とは別に,「日本国憲法」「体育」に加え,免許法施行規則第66条の6に示されている科目の「外国語コミュニケーション」と「情報機器の操作」が必修化されたことである。

　さらに第4には,中学校教諭一種免許状における教育実習の単位増をあげておかなければならない。これは,従来の3単位から5単位に単位が増加したもので,単位増の理由として,教養審答申における養成段階での「実践的指導力の基礎」の確立,授業実習以外の生徒指導,特別活動などに積極的に関わる機会の提供などがあげられる。

　その他特記すべき項目としては,介護等体験特例法（小学校及び中学校の教諭の普通免許状に係る教育職員免許法の特例等に関する法律）により小・中学校教諭の免許状の取得のために介護等体験が義務づけられたことである。同法では,特殊教育諸学校で2日間以上,社会福祉施設で5日間以上,計7日間以上の介護・介助・交流等の体験が義務づけられている。

　この介護等体験によって学生,大学の負担は大きく,教育実習との関連問題,さらに社会福祉施設での体験はただ体験すればよいのかといった内容に関する

問題，教職課程そのものとの有機的な関連性への疑問など多方面にわたった数多くの問題があげられる。

3 教員養成における「実践的指導力」

　ここでは養成教育において「実践的指導力」をどのようにとらえるのかについて考えてみたい。

　近年特に養成教育の段階，現職教育の研修の段階等さまざまな段階において「実践的指導力」を重要な資質・能力としてあげている。さらには，採用試験においても受験者の資質・能力・適性を多面的に評価する選考方法として「実践力を問う」といった方向として，模擬授業の導入や英会話，水泳，パソコン操作などの実技試験を導入する自治体も増加している。さらには，教育実習以外に大学生が在学中に学校体験を行う，いわゆる「学校支援プログラム」「教育体験プログラム」「インターンシップ」等に関わって「実践的指導力」がクローズアップされ，教員採用にあたってこれらの体験を考慮している教育委員会も存在する。しかしながら，これまで「実践的指導力」についての解釈が変化したり，明確な定義づけがなされないまま現在に至っているといってもよい。

　今日，この「実践的指導力」の言葉は，教員の資質能力が問題とされる際に必要不可欠な用語であることはいうまでもないが，この用語が教育界においてキーワードとして使用されるようになったきっかけは1986（昭和61）年4月の臨時教育課程審議会第2次答申において「教員の資質向上」が取り上げられたときである。ここでは，養成教育にあたっても「実践的指導力の基礎の習得」に重点をおくことが示された。もう少し具体的には，同答申の文言のなかに教員の養成，免許制度において「特に，特別活動，生徒指導（進路指導を含む）及び方法・技術などについて実践的指導力が養われるようにすること」と述べられている。

　さらに近年では，文部科学省による『魅力ある教員を求めて』が示されたが，そのなかの「実践的指導力」に関する記述に注目したい。ここでは教員の資質・能力に関わって，「いつの時代にも求められる資質能力」として以下の項目が

列挙されている。
- 教育者としての使命感
- 人間の成長発達についての深い理解
- 幼児・児童生徒に対する教育的愛情
- 教科等に関する専門的知識
- 広く豊かな教養

そこでは、「これら（上記のいつの時代にも求められる資質能力）に基づく実践的指導力」と示されている（カッコ内は筆者）。

この記述からみると非常に広い教師の力量とみることができる。しかし今の教育界の現状や答申の記述からすると、「実践的指導力」は教育実践のなかで実際の取り扱いや処理に関する方法・技術の習熟を通して発揮される指導力と解釈される。しかし養成教育においてこの意味での「実践的指導力」の理解だけでは狭く、かつ方法・技術面での実務的な指導力だけに短絡的に解釈されていることも事実である。では、われわれは養成教育においてこの「実践的指導力」をどのようなものと理解し、受け止めればよいのであろうか。

ここでは「実践的」の理解や意味づけを広く深くとらえるためにカント（Kant, I.1724-1804）が言及した"praktisch"の意味づけを参考にしたい。

カントは著書『判断力批判』のなかで"technisch-praktisch"と"moralisch-praktisch"の2つに実践を区分している。カントによれば、前者は目的達成のための熟練だけを問題にし、物を扱うのにふさわしい「実践的」であり、後者は人間を扱うのにふさわしい「実践的」なものであるといっている。したがってこのことは、「実践的指導力」を実地指導や実務に従事することを中心とした方法・技術的な習熟のみから生まれる指導力といった狭い理解をせず、さらに広く、深く主体的、自主的な理解や判断に土台を据えた実践から生まれる指導力と理解する必要があると考えられる。特に養成教育においてはこのことに十分考慮して「実践的指導力」向上に努めることが重要である。

（森山賢一）

第2章　教育改革と「総合的な学習の時間」

① 「総合的な学習の時間」創設の経緯とねらい

　1996（平成8）年7月の中央教育審議会（以下「中教審」）第1次答申「21世紀を展望した我が国の教育の在り方について－子供に『生きる力』と『ゆとり』を－」において「生きる力」が中心課題として掲げられた。この中教審のいう「生きる力」を要約すれば主として，主体的に判断し，行動し，よりよく問題を解決する資質や能力，豊かな人間性，健康や体力とすることができる。このことは，「生きる力」が知・徳・体のバランスのとれた力であることを意味しているものである。この「生きる力」の育成に関わって「総合的な学習の時間」が提言されたのである。ここでは以下のような文言によって説明されている。

　「生きる力が全人的な力であることを踏まえると，横断的・総合的な学習を一層推進し得るような新たな手だてを講じて豊かな学習活動を展開していくことが極めて有効であると考えられる。」

　すなわち，子どもたちに「生きる力」を育成するためにはこれまでの各教科等の関連的な指導のみならず，「新たな手だて」として教科横断的，総合的な学習の必要性が打ち出されたのである。

　さらに次のような記述もみられる。

　「今日，国際理解教育，情報教育，環境教育などを行う社会的要請が強まっているが，これらはいずれの教科等にもかかわる内容を持った教育であり，そうした観点からも，横断的・総合的な学習を推進していく必要性は高まっていると言える。」

　このことは直面する現代的な課題に対して横断的・総合的な学習が重要であることを示しているものである。この中央教育審議会答申を受けて，これらの内容の具体的提示が1998（平成10）年7月教育課程審議会答申によってなされた。

　この教育課程審議会答申においては，以下のような教育課程の基準のねらい

が掲げられた。
(1) 豊かな人間性や社会性，国際社会に生きる日本人としての自覚を育成すること。
(2) 自ら学び，自ら考える力を育成すること。
(3) ゆとりある教育活動を展開する中で，基礎・基本の確実な定着を図り個性を生かす教育を充実すること。
(4) 各教科が創意工夫を生かし特色ある教育，特色ある学校づくりを進めること。

このような教育課程の基準のねらいに基づき，さらに「総合的な学習の時間」については，その創設の趣旨として，次の2点をあげている。

1点目は，「『総合的な学習の時間』を創設する趣旨は，各学校が地域や学校の実態等に応じて創意工夫を生かして特色ある教育活動を展開できるような時間を確保することである」ということ，さらに2点目は，「また，自ら学び自ら考える力などの「生きる力」は全人的な力であることを踏まえ，国際化や情報化をはじめ社会の変化に主体的に対応できる資質や能力を育成するために教科等の枠を超えた横断的・総合的な学習を円滑に実施するための時間を確保することである」とした。

すなわち，以上のことから，「総合的な学習の時間」は，自ら学び自ら考える力の育成のための重要な時間であること，現代的な課題について教科の枠を超えて学習する機会となること，各学校や地域の実態に応じて特色ある時間であることが創設の趣旨としてあげられる。

2 「総合的な学習の時間」の教育課程上の位置づけ

「総合的な学習の時間」のねらいについては，学習指導要領第1章総則第3「総合的な学習の時間の取り扱い」において次のように定められている。

1つは，「自ら課題を見付け，自ら学び，自ら考え，主体的に判断し，よりよく問題を解決する資質や能力を育成すること」であり，2つには，「学び方

やものの考え方を身に付け問題の解決や探究活動に主体的, 創造的に取り組む態度を育て, 自己の生き方を考えることができるようにすること」である。先の趣旨や上記のねらいを実現するため, 教育課程上の位置づけについては学校教育法施行規則において小学校, 中学校, 高等学校ともに以下のように示されている。

　第24条　小学校の教育課程は, 国語, 社会, 算数, 理科, 生活, 音楽, 図画工作, 家庭及び体育の各教科（以下本節中「各教科」という。）, 道徳, 特別活動並びに総合的な学習の時間によって編成するものとする。

　第53条　中学校の教育課程は, 必修教科, 選択教科, 道徳, 特別活動及び総合的な学習の時間によって編成するものとする。②必修教科は, 国語, 社会, 数学, 理科, 音楽, 美術, 保健体育, 技術・家庭及び外国語（以下この条において「国語等」という。）の各教科とする。③選択教科は, 国語等の各教科及び第54条の二に規程する中学校学習指導要領で定めるその他特に必要な教科とし, これらのうちから, 地域及び学校の実態並びに生徒の特性その他の事情を考慮して設けるものとする。

　第56条　高等学校の設備, 編制, 学科の種類その他設置に関する事項はこの節に定めるもののほか, 高等学校設置基準（平成16年文部科学省第20号）の定めるところによる。

さらに「総合的な学習の時間」の学習活動については, 学習指導要領総則第4款の3において各学校の実態に応じて実施するものであるとして, 次の2項目が示されている。「①例えば, 国際理解, 情報, 環境, 福祉・健康など横断的・総合的な課題, 児童・生徒の興味・関心に基づく課題　②地域や学校の特色に応じた課題」などについて, さらに学習指導の配慮事項として, 自然体験やボランティア活動などの社会体験, 観察・実験, 見学・調査, 発表・討論等の体験的な活動や問題解決的な活動を積極的に取り入れること, グループ学習や異年齢集団による学習などの多様な学習形態の工夫や, 地域の人的・物的環境の教材化と積極的な活用などがあげられている。

　しかし, 各教科のように目標やどの学年でどのような内容を指導するのかと

いった項目は示されていない。このことに関しては，教育課程審議会答申において次のように示されている。

「「総合的な学習の時間」の教育課程上の位置づけは，各学校において創意工夫を生かした学習活動であること，この時間の学習活動が各教科にまたがるものであること等から考えて，国が目標，内容等を示す各教科等と同様なものとして位置付けることは適当でないと考える。」

「総合的な学習の時間」の授業時数については，改正された学校教育法施行規則第24条2別表第1に示されているが，この時間の学習活動の特色からも，ある程度まとまった時間の確保が不可欠であるため，年間で次のような配当となっている。

小学校の第3学年，第4学年は105単位時間，第5学年，第6学年では，110単位時間であり，中学校第1学年では70〜105単位時間，第2学年では70〜105単位時間，第3学年では70〜130単位時間となっている。さらに，高等学校においては，卒業までに104〜210単位時間が配当されている。もちろん「総合的な学習の時間」は毎週一定の時数を割り振って展開することだけではなく，各学校においてこの時間の学習活動の充実を図るため弾力的でかつさまざまな工夫が必要である。

例えば，この時間をカリキュラム上どのような時期，時間に実施するのかといった観点に立つとおおまかに3つのパターンに区分されよう。1つは，最も多くの学校で行われている毎週連続して継続的に実施するパターンである。2つは，4月，6月，9月，12月といった具合に分散して時間を割り当てるパターンであり，分散して重点的に実施する方法といえる。さらに3つは，特定の期間に集中して実施されるパターンである。この場合，学習内容に合わせて弾力的に時間割を編成することが必要である。

③ 総合的な学習の時間と評価

1 総合的な学習の時間の評価の観点

　各教科の学習と同様に,「総合的な学習の時間」においても評価は重要な要素である。「総合的な学習の時間」の評価は, 他の教科と異なった観点も考えられる。つまり,「総合的な学習の時間」においては, 単元の構造やねらいも総合独自の特徴をもっており, ここから評価の観点も明確になってくるのである。

　例えば, 小学校学習指導要領総則「第3　総合的な学習の時間の取り扱い」には総合的な学習の時間のねらいが,「(1)自ら課題を見付け, 自ら学び, 自ら考え, 主体的に判断し, よりよく問題を解決する資質や能力を育てること」,「(2)学び方やものの考え方を身に付け, 問題の解決や探求活動に主体的, 創造的に取り組む態度を育て, 自己の生き方を考えることができるようにすること」と示されている。この「ねらい」から評価の観点を導き出すことができよう。ここでは,「問題設定力, 解決力」「主体的な態度, 創造的な態度」「自己の生き方」「学習活動への関心意欲・態度」,「総合的な思考・判断」「学習活動にかかわった技能・表現力」「知識を応用し総合する力」などをあげることができよう。西岡加名恵は総合学習の実践をよりどころとして単元の構造を整理することによって「総合的な学習の時間」における評価の観点についての明確な提言を行っている。

　つまり, 総合学習の実践においては, ①学年またはクラスで共通の大テーマが設定されること, ②子どもが何らかの形で直接的な体験をすること, ③子どもたちが問題を発見し, 活動計画を作り, 調べるといった活動をし, 成果や問題を表現し共有化することによって活動を振り返る, そのことによって新たな問題を発見する, というサイクルが繰り返されるといった3項目を総合学習の特徴として提言, そこで総合学習の評価の観点として5つをあげている。

　1つは, 子ども自身の問題への気づきである。2つに論理的思考力, 3つに実践する力, 4つに協働する力, 5つに子どもたちが自分の実態を把握する力

（自己評価力）である。

以上のように評価の観点を明確化し，さらにはあげられたそれぞれの観点について詳細な評価基準を設定していくことが重要となる。

2 「総合的な学習の時間」の評価とポートフォリオ評価法

「総合的な学習の時間」の評価については多様な方法を用いることが望ましいが，近年わが国の「総合的な学習の時間」の評価方法においてはポートフォリオ評価法（portfolio attachment）が最も一般的に用いられている。

ここではポートフォリオ評価法について概括することにしたい。

そもそもポートフォリオ（portfolio）はイタリア語の「紙挟み」を語源としており，自己の有用さ，商品などの価値を相手に理解してもらうために関係する資料を「紙挟み」にしてファイルし持ち歩いたことに由来する。

ポートフォリオ評価法は1980年代アメリカにおいて急速に普及した評価法で，パフォーマンスに基づく評価（performance-based attachment），真正の評価（authentic attachment）の代表例であるとされ，ポートフォリオづくりを通して，子どもの自己評価を促すとともに，教師も子どもの学習を評価する特徴をもつ方法である。ここでいうポートフォリオとは，子どもの作品（work），子どもの自己評価の記録，教師の指導と評価の記録が中身であり，容器としてフォルダーやファイル，箱，棚などが使用される。

さらに，ポートフォリオ評価法の原則として以下にあげる項目を守ることが必要であるとされている。

① ポートフォリオづくりは，子どもと教師の共同作業である。
② ポートフォリオづくりにおいては，子どもと教師が具体的な作品を蓄積する。
③ ポートフォリオづくりの過程では，蓄積した作品を並べ替えたり取捨選択したりして整理する。
④ ポートフォリオを用いて話し合う場を設定する。ポートフォリオ検討会（portfolio conference）

⑤ ポートフォリオ検討会は、学習の始まり、途中、締めくくりの各段階において行われる。
⑥ ポートフォリオ評価法は、継続性をもつ。

　ポートフォリオを子どもが作成することは、学習課程を設定しやすくし、学習の構造化にも役立ち、学習内容をしっかりと整理できるというメリットをもっている。さらに、その過程において、自己評価、子ども同士の相互評価、教師の支援評価により、子どもの学習に広がりと深まりを与えることができるといわれている。

　特に先述した原則においてもキーワードであったポートフォリオ検討会はこの評価法の成否を決定づける重要な場面である。ここでは、実際の作品を用いて子どもたちが積極的に参加できる環境を整え、最終的には、できるかぎり子ども主体で進められることが理想であろう。このことによって、子どもの長期的な成長の様子が実感できるのである。

　さらに、「総合的な学習の時間」における評価法には、ここで述べたポートフォリオ評価法以外にも、プロフィール評価、パフォーマンス評価、プロセス評価、パーソナリティー評価などがあげられる。

　またポートフォリオの所有権について取り上げておく必要があろう。つまりポートフォリオは誰のものなのか、作品の決定権が誰なのか、さらには評価することに関わってその基準や設定は誰が行うかといった重要な問題である。当然のことながら、以上の項目に対して子どもたちの側に立った実践が最大限に尊重されなければならないわけであるが、目的や内容を吟味して教師側と子ども側の所有権のバランスが大切である。このことから西岡は基準準拠型ポートフォリオ、基準創出型ポートフォリオ、最良作品集ポートフォリオの３つに区分し、所有権との関連を明確にした分類を行っている。

4 総合演習とのかかわり

　「教職に関する科目」に「総合演習」が新設されたのも、子どもたちに「生

表1.2.1　総合的な学習の時間と総合演習

	総合的な学習の時間	総合演習
学習のねらい	・自ら課題を見つけ，自ら学び，自ら考え，主体的に判断し，よりよく問題を解決する資質や能力を育てること。 ・学び方やものの考え方を身に付け，問題の解決や探求活動に主体的，創造的に取り組む態度を育て，自己の生き方を考えることができるようにすること。 ・各教科，道徳及び特別活動で身に付けた知識や技能等を相互に関連付け，学習や生活において生かし，それらが総合的に働くようにすること。	・地球的視野に立って行動するための資質能力を育てる。
学習内容	・国際理解，情報，環境，福祉・健康などの横断的・総合的な課題。 ・児童の興味・関心に基づく課題。 ・地域や学校の特色に応じた課題。	・人間尊重・人権尊重の精神，地球環境，異文化理解など人類に共通するテーマ。 ・少子・高齢化，福祉，家庭の在り方などわが国の社会全体に関わるテーマ。
学習方法	・自然体験やボランティア活動などの社会体験，観察・実験，見学や調査，発表や討論，ものづくりや生産活動など体験的な学習，問題解決的な学習を積極的に取り入れること。	・ディスカッションを中心に演習形式の授業。見学・参加や調査。 ・指導案や教材の作成，場面指導の実施等。

きる力」を育むため，教員の資質能力を向上させるねらいがあった。「総合的な学習の時間」が教科横断的・総合的な教育活動であることから，「教科に関する科目」を深く学んだだけでは対応できないからである。

　表1.2.1で「総合的な学習の時間」と「総合演習」を対比させているが，「総合演習」が「総合的な学習の時間」を指導するうえで効果的であることが読み取れるであろう。

（森山賢一・上松信義）

第3章　総合演習の目的とねらい

1 総合演習が設置された背景

　教員資格を取得するには，教育職員免許法（以下「免許法」）により，「教科に関する科目」と「教職に関する科目」について，規定の単位数を習得することが義務づけられている。「教科に関する科目」とは，国語，理科，社会等，それぞれ専門とする教科に関する科目である。「教職に関する科目」とは，教科指導，生徒指導等学校における教育活動を進めるうえで必要な知識および技能を習得するための科目である。具体的な科目と必要な単位数については教育職員免許法施行規則（以下「規則」）に規定されている。

　「総合演習」は，1998（平成10）年の免許法および規則の改正に伴い，「教職に関する科目」の必修科目として新設された科目である。免許法および規則の改正は，1997（平成9）年7月に出された教育職員養成審議会（以下「教養審」）の第1次答申（以下「1次答申」）の提言に基づき行われたものである。

　教養審は，1996（平成8）年7月，文部大臣（現文部科学大臣）から，「新たな時代に向けた教員養成の改善方策について」諮問を受け，「これからの教員に求められる資質能力」や「教員養成カリキュラム」などについて審議を行った。審議の背景として，1次答申に述べられた「学校教育の成否は，幼児・児童・生徒の教育に直接携わる教員の資質能力に負うところが極めて大きく，これからの時代に求められる学校教育を実現するためには，教員の資質能力の向上がその重要な前提になる」との認識がある。また，ここで「これからの時代に求められる学校教育」と表現された背景には，いじめ，不登校，校内暴力，学級崩壊など，学校教育に関する深刻な事態の打開や，国際化・情報化の進展，地球環境の悪化，少子・高齢化など地球規模およびわが国社会の固有の問題など社会や時代の変化への対応が早急に必要とされたことがある。

　審議会の具体的検討事項は，次の3点である。

(1) 教員養成課程のカリキュラムの改善について
　① 教育相談（カウンセリングを含む），国際化・情報化，理科教育，環境教育，特殊教育に係る教員養成課程の教育内容の在り方について
　② 教育実習の期間，内容等の在り方について
　③ 教科に関する科目・教職に関する科目のバランスの在り方について
　④ 体験的実習等効果的な教育方法の導入の在り方について
(2) 修士課程を積極的に活用した養成の在り方について
(3) その他関連する事項
　① 養成と採用・研修との連携の円滑化
　② 教員養成に携わる大学教員の指導力の向上
　③ 特別非常勤講師制度の改善
　④ その他

2 審議会の求める教師像

　教養審は，教員に求められる資質能力には，いつの時代も変わらないものもあるし，そのときどきの社会の状況により特に重視されるものもあるとした。

　いつの時代も教員に求められる資質能力については，1987（昭和62）年に出された教養審答申，「教員の資質能力の向上方策等について」をもとに考えたとして，教員の資質能力とは，一般に，「専門的職業である「教職」に対する愛着，誇り，一体感に支えられた知識，技能等の総体」といった意味内容を有するもので，「素質」とは区別され後天的に形成可能なものと解される，とした。

　今後特に教員に求められる具体的資質能力については，これからの教員には，変化の激しい時代にあって，子どもたちに「生きる力」を育む教育を授けることが期待されるとして，3つの資質能力の例を示した。

　今後特に教員に求められる具体的資質能力の例（一次答申）
　(a) 地球的視野に立って行動するための資質能力
　　　地球，国家，人間等に関する適切な理解

例：地球観，国家観，人間観，個人と地球や国家の関係についての適切な理解，社会・集団における規範意識

豊かな人間性

例：人間尊重・人権尊重の精神，男女平等の精神，思いやりの心，ボランティア精神

国際社会で必要とされる基本的資質能力

例：考え方や立場の相違を受容し多様な価値観を尊重する態度，国際社会に貢献する態度，自国や地域の歴史・文化を理解し尊重する態度

(b) 変化の時代を生きる社会人に求められる資質能力

課題解決能力等に関わるもの

例：個性，感性，創造力，応用力，論理的思考力，課題解決能力，継続的な自己教育力

人間関係に関わるもの

例：社会性，対人関係能力，コミュニケーション能力，ネットワーキング能力

社会の変化に適応するための知識及び技能

例：自己表現能力（外国語のコミュニケーション能力を含む），メディア・リテラシー，基礎的なコンピュータ活用能力

(c) 教員の職務から必然的に求められる資質能力

幼児・児童・生徒や教育の在り方に関する適切な理解

例：幼児・児童・生徒観，教育観（国家における教育の役割についての理解を含む）

教職に対する愛着，誇り，一体感

例：教職に対する情熱・使命感，子どもに対する責任感や興味・関心

教科指導，生徒指導のための知識，技能及び態度

例：教職の意義や教員の役割に関する正確な知識，子どもの個性や課題解決能力を生かす能力，子どもを思いやり感情移入できること，

カウンセリング・マインド，困難な事態をうまく処理できる能力，地域・家庭との円滑な関係を構築できる能力

教養審は，教員に求められる資質能力について上記3点を示したうえで，教員に対する社会的要請と教職課程の教育内容の実態との乖離があるとの認識をもっていた。1次答申で以下のように指摘している。

○ 国際化・情報化の進展やいじめ・登校拒否など学校教育を巡る深刻な問題に教職課程の教育内容は十分に対応できているか。また，1996（平成8）年7月の中央教育審議会第1次答申で提言された［生きる力］とも関わり，子どもたちの個性を生かし課題解決能力を育てる教育を実践できるような適切な教育内容が教職課程に用意されているか。

○ 教員養成カリキュラムにおける科目構成の在り方を考えてみたとき，社会の変化等に伴い必要性が低下していたり，他の領域と比較して著しく量的バランスを欠いている科目や科目群が存在するなど，整理すべき余地がかなりあるのではないか。

○ 教員養成教育の中で，教科の専門性（細分化した学問分野の研究成果の教授）が過度に重視され，教科指導をはじめとする教職の専門性がおろそかになっていないか。教員スタッフの専門性に偏した授業が多く，「子どもたちへの教育」につながるという視点が乏しいのではないか。

3 総合演習の設置

教養審では以上のような問題点をあげたうえで，教職課程の教育内容を改善するための基本的視点を明らかにした。先に示した3つの柱を念頭に置きながら改善の方向を整理するとして，以下のように述べている。(b)，(c)は略。

(a) 地球的視野に立って行動するための資質能力

今日は極めて変化の激しい時代であり，世界の人々の日々の営みは国境を超えて様々に影響を及ぼし合うようになってきている。21世紀を生きる子どもたちには日本国民であるとともに「地球市民」であることが求められ，し

たがって，子どもたちの教育に直接当たる教員にも相応しい資質能力が不可欠である。

このような資質能力の基礎を教員を志願する者に適切に修得させる一つの方途として，人間尊重・人権尊重の精神はもとより，地球環境，異文化理解，民族対立・地域紛争と難民，人口と食糧，社会への男女の共同参画といった人類共通のテーマや，少子・高齢化と福祉，家庭の在り方など我が国社会全体に関わるテーマのうちのいくつかについて，ディスカッション等を中心に十分理解を深めさせるとともに，それらの内容を発達段階に応じてどのように教えたらよいかについて教員を志願する者に自ら考えさせるような授業が，大学の教職課程において適切に工夫される必要がある。併せて，教職課程全体を通じ，国際化，情報化，地球環境等に関する内容について，それぞれの問題の全体像を念頭に置きつつ，随所で適切に取り扱う努力が大学に求められる。

また，教員が，公共の精神や道徳性を涵養しつつ子どもたちの豊かな人間性を育てる任に当たることにかんがみれば，教員を志願する者自身に思いやりの心やボランティア精神を適切に身に付けさせることが極めて大切である。このような内容を効果的に取り入れた授業を行うことはもとより，教員を志願する者が課外も含め広く各種のふれあい体験の機会を得ることが可能となるよう，大学は配慮する必要がある。

教養審では，上記改善のための基本的視点に基づき，(a)地球的視野に立って行動するための資質能力を育てる改善策として，「教職に関する科目」として新たに「総合演習」（仮称，２単位）を設ける必要があるとの提言を行った。

この「総合演習」においては，上記のような諸課題のうちのいくつかについて選択的にテーマを設定したうえで，ディスカッション等を中心に演習形式の授業を行うものとする。授業方法については，履修学年等に応じ，例えば，可能な限り実地の見学・参加や調査等を取り入れるなどして教員を志願する者が現実の社会の状況を適切に理解できるよう必要な工夫を凝らすことや，幼児・児童・生徒への指導という観点から指導案や教材を試行的に作成したり模擬授

第3章 総合演習の目的とねらい

表1.3.2 教職に関する科目

教職に関する科目	各科目に含めることが必要な事項	小	中
教職の意義等に関する科目	教職の意義及び教員の役割	2	2
	教員の職務内容		
	進路選択に資する各種の機会の提供等		
教育の基礎理論に関する科目	教育の理念並びに教育に関する歴史及び思想	6	6
	幼児，児童及び生徒の心身の発達及び学習の過程		
	教育に関する社会的，制度的又は経営的事項		
教育課程及び指導法に関する科目	教育課程の意義及び編成の方法	22	12
	各教科の指導法		
	道徳の指導法		
	特別活動の指導法		
	教育の方法及び技術		
生徒指導，教育相談及び進路指導等に関する科目	生徒指導の理論及び方法	4	4
	教育相談の理論及び方法		
	進路指導の理論及び方法		
総合演習		2	2
教育実習		5	5

（教育職員免許法施行規則第6条第1項付表より作成）
注1：表中の小は小学校教諭1種免許状，中は中学校教諭1種免許状を表し，数字は，各免許状取得に必要な最低修得単位数を示している。
注2：規則第6条第1項付表には高等学校教諭及び幼稚園教諭に関する単位数及びそれぞれの校種の専修免許状，二種免許状についても記載されているが割愛した。

業を実施することなども，期待される。

　1次答申の提言に基づき免許法と規則が改正され，「総合演習」は設置された。総合演習は規則第6条第1項付表に科目名と単位数のみ表示され，備考の七として「総合演習は，人類に共通する課題又は我が国社会全体にかかわる課題のうち一以上のものに関する分析及び検討並びにその課題について幼児，児童又は生徒を指導するための方法及び技術を含むものとする」と記されている。課

題や演習の具体的な内容は，1次答申の例示に従うのが妥当であろう。

（上松　信義）

第4章　総合演習の評価

1 評価の目的と種類

　総合演習を受講した結果，何らかの評価が行われる。担当者によって評価の観点や基準は異なる。今は評価される側であっても，教員になると児童・生徒を評価する立場になる。また，最近は都道府県教育委員会によって，生徒による授業評価を実施するところもある。人事考課として管理職による授業観察などが行われ，指導力や職務遂行能力を評価されることもある。評価を行うにはどのような配慮が必要か見ておこう。

　教育活動に伴う評価はさまざまな目的をもって行われるが，次のようなねらいがある。①児童・生徒の学習成果や達成度を把握する，②教師の指導内容や方法の妥当性を検証する，③適切な学習集団を編成する，④教育研究を推進する，などのためである。

　評価は，実施時期や基準によって次のような種類に分けられる。

(1) 実施時期による分類

診断的評価：授業を始める前に行う。授業を受ける児童・生徒の能力や適性
　　　　　　など実態を把握し，適切な指導計画を立てるために行う。
形成的評価：指導の過程で行う。児童・生徒の理解や指導上に問題がないか
　　　　　　検証し，必要に応じて指導方法を変更するために行う。
総括的評価：単元の区切りや学期末，学年末などに行う。学習の成果を総合
　　　　　　的に評価するために行う。

(2) 評価基準による分類

相対評価：児童・生徒の所属する集団内における相対的位置を特定するため
　　　　　に行う。集団内における個人の相対的位置を知ることはできるが，
　　　　　各個人の目標達成度や成長の度合いを把握するには適していない。
　　　　　また，相対評価は，序列や競争心をあおったり，無用な優越感や

劣等感を助長する可能性もある。

絶対評価：教育目標への到達度を把握するために行う評価で，「到達度評価」ともいう。児童・生徒各個人の学習成果を把握し，それぞれの学習意欲を高める効果はあるが，集団内の位置を知るのは困難である。また，学校間で基準の差がでる懸念もある。

個人内評価：児童・生徒一人ひとりを評価の基準にして行う。各個人の進歩や努力の様子，得意・不得意などの特性を把握するために行う。学習の成果などを時間の経過で評価する場合を「縦断的個人内評価」といい，ある時点での個人の全体像を把握することを「横断的個人内評価」という。個人内評価は，一人ひとりの児童・生徒の存在に注目する点で教育的意義を認められるが，客観性を欠き，自己満足に陥る可能性もある。

(3) 評価の実施者による分類

自己評価：児童・生徒が自分自身について行う。学習への取り組み姿勢，理解したり身についた知識・技術の程度などについて評価する。成就感を味わい，次の学習目標に向けて意欲を高める可能性があるが，独りよがりになったり，客観性を欠くきらいもある。

他者評価：教師が児童・生徒を評価するように，評価する人とされる人が別人である場合の評価をいう。評価の内容が公平で，評価される人が納得し，その後の意欲向上につながるような評価が望まれる。

相互評価：児童・生徒などが同等の立場でお互いを評価する。児童・生徒の性格や態度，行動力など，教師が把握しきれない一面を知ることができる。

2 評価の方法と実際

(1) テスト

評価をするための一般的な方法はテストである。テストを誰が作成するかに

よって，教師の自作テストと外部の業者等が作成する市販テストがある。問題の形式によって客観テストと論文体テストがある。解答を紙上に求めるペーパーテスト，技能や技術の程度を判断するための実技テストがある。結果は得点や段階で示される。

(2) **レポート**

与えられた課題や自主的な課題について，調査・研究や考察の結果をまとめて提出する。努力の過程が明らかで，内容に独自性があり，報告としての正確さ，わかりやすさなどが評価の対象となる。

(3) **作品制作**

与えられた課題や自主的な課題に基づき，実験を行ったり，作品を制作する。実験や作品制作の過程と結果やできばえが評価の対象となる。

(4) **ポートフォリオ**

ポートフォリオ（portfolio）の言葉の意味は，「書類ばさみ」とか「折りかばん」のことである。もともとはデザイナーや写真家が自分の実績を理解してもらうために作品をまとめたファイルに対して使われた。教育評価の場面では，児童・生徒の学習の過程をまとめた資料集を指している。「総合的な学習の時間」のようにテストなどで一律に評価することができない場合，学習の記録である計画書や観察記録，調査結果などをまとめたポートフォリオが評価の対象となる。

(5) **プレゼンテーション**

レポートや作品制作など成果を提出するだけではなく，発表することで学習の成果を示す活動をプレゼンテーションと呼ぶ。発表の内容とともに態度やわかりやすさが評価の対象となる。

(6) **観点別評価**

児童・生徒の学力を，修得した知識・理解の量的側面だけに注目するのではなく，学習に向き合う姿勢を評価しようとするものである。各教科・科目ごとに「関心・意欲・態度」，「思考・判断」，「技能・表現」，「知識・理解」などの観点についてA・B・Cの3段階で評価する。

(7) 評　定

評定の言葉の意味は「一定の尺度に従って価値・品等などを定めること」(『広辞苑』) である。学校教育の場面では，児童・生徒の学習成果などを5段階に数値化した評定としてフィードバックするため，評定と評価を一体として受け止めることが多い。

(8) 評価の実際

評価をどのような方法で行うにせよ，評価される児童・生徒本人や保護者が納得し，次の学習活動に向けて意欲を喚起するものであることが望ましい。情報開示制度により評価の根拠について開示請求が出される場合もあるので，評価は客観的で公平であるとともに評価の根拠となる資料を整えておくことも大切である。

評価を行うにあたっては，前もって評価基準を明らかにし，評価の透明性を保つとともに，公平で公正な評価に徹することが大切である。

●総合演習の評価例（授業回数15回，内1回テスト）

1　評価項目

			満点
1）出席点	出席1回につき2点。9回以下単位不認定。		30
2）レポート	14回提出。評価A：3点，B：2点，C：1点		42
3）テスト	論文形式。評価A：20点，B：15点，C：10点		20
4）態度点	評価A：8点，B：6点，C：4点		8
		合計	100

2　評価基準

上記評価項目の合計点数を，下記の基準によりA〜Dに評価する。

合計点数	85〜100点	評価	A
	70〜84		B
	50〜69		C
	49点以下		D（単位不認定）

（上松信義）

第2部　地球的視野に立って行動する資質能力を育てる学習

第1章　人間・人権の尊重

1 人間社会と差別

　差別は人権の敵であり，かつ許しがたい社会悪である。差別は，人間のある部分をとらえてすべてを否定するもので，強者と弱者，富者と貧者，支配者と被支配者等の間で行われてきた。人間には，生来相手を差別することで優越感や自己満足感，さらには快感を味わい差別を楽しむ性向がある。差別は人間社会につきものである。しかし，差別をされる側の苦悩と悲惨さは，人々の想像を遥かに超え，差別が生んだ悲劇は枚挙にいとまがない。差別に大小の差はなく，いかなる差別も許されるものではない。差別が不平等を生み，それが自由権や平等権を侵害し，時には生存権や社会権をも奪っているのである。

　ところが，差別は，洋の東西を問わずいつの時代にも存在していた。古代ギリシャの都市国家アテナイは，民主的で自由と正義の国として「美しく良くあること」を標榜していたが，国内には，貴族と市民と奴隷の身分制度が存在していた。アテナイでは，一人の奴隷を所有するだけで一家の生計が成り立つといわれるほど，奴隷は貴重な労働力であった。奴隷が反乱を起こしたり，逃げ出したりすると市民生活に大きな影響を及ぼしたことから，アテナイの軍隊は，外敵と戦うことよりも奴隷を取り締まることに主力が注がれた。

　一方，スパルタの場合は，奴隷（ヘイロタイ）の取り締まりと同時に地理的条件から外敵の侵入にも備えなければならなかった。スパルタでは，強力な軍事力が必要であったために，半自由民といわれたペリオイコイの子どもには厳しい軍事訓練が課せられた。ここで行われたのがスパルタ教育である。その間，訓練に耐えられない子どもや身体の弱い子ども，障害のある子どもは容赦なく

殺害されたり，山の中に捨てられていた。

　アテナイとスパルタでは，国情や文化的風土は異なっていたが，奴隷制度のもとで国家の体制が維持されていた点では共通しており，いずれの国でも差別が構造的な様相を呈していたといえる。

　中世に入ってヨーロッパ社会では，王朝制のもとで強力な封建制度がしかれ，一般市民は抑圧と増税に苦しんだ。1688年イギリスにおける名誉革命，1789年フランス革命は，そのような背景のもとで起こった。現在私たちが享受している人権は，多くの人々の流血と犠牲の結果確立されてきたのである。

　一方，東洋では，インドをはじめ南アジアの国々にはカースト制が存在していた。また，わが国では士農工商，えた・ひにんのもとで身分差別が行われていた。ここでの差別もまた，構造的なものである。

　今日では，人権思想の啓発と普及に伴って，基本的人権が尊重される時代になり，これまでのような構造的・実質的差別は解消されつつあるが，心理的差別は依然として残っている。

　一人ひとりの基本的人権が尊重され，差別のない自由で平等な社会を築き上げるためには，一人ひとりに民主主義の理念を徹底することが重要である。人類にとって，民主主義の自由，平等，博愛の精神は普遍かつ至上の道徳律である。21世紀は，「人権の世紀」といわれる。人間の尊厳，福祉とともに基本的人権の実現は，人間にとって最高の願望である。一方，それを踏みにじる差別や虐待は，最も卑劣な行為である。「人権の世紀」を生きる現代人にとって，民主主義に関する知識，技能，態度を身につけることは必要不可欠な資質である。

2 普遍的文化としての基本的人権

　文化とは，人間がこれまでに築き上げてきた生活様式の総体で，このなかには知識，道徳，法律，芸術，宗教などが含まれる。その意味で，人権もまた人間の叡智と努力により，幾多の困難を克服しながら築き上げてきた文化であり，

しかも人権は，人々が共通かつ永久に享有している点で普遍的な文化である。基本的人権に関しては，一般に「人間が生まれながらにして有している権利」とか「人間が持っている誰にも犯されない権利」などの定義がされている。ここで，「生まれながらにして」とは，人間に固有のものであり，「誰にも侵されない」とは，永久不可侵ということである。また，誰もが享有していることは普遍的ということで，具体的には法の下で保障されている権利である。ここから，基本的人権の特性として，次のようなことがあげられる。

- 固有性（人間に固有の権利）
- 不可侵性（権力によって犯されることのない権利）
- 普遍性　（人種，信条，性別，社会的身分，門地等にかかわりなくだれもが享有する権利）
- 権利性　（憲法等に明記されている法的権利および具体的権利）

このことに関して，日本国憲法では次のように述べられている。

第11条　国民は，すべての基本的人権の享有を妨げられない。この憲法が国民に保障する基本的人権は，侵すことのできない永久の権利として，現在および将来の国民に与えられる。

第14条　すべての国民は，法の下に平等であって，人種，信条，性別，社会的身分または門地により政治的，経済的又は社会的関係において，差別されない。

さて，基本的人権の具体的な内容に関しては，今日いろいろな説があるが，ここでは日本国憲法の基本的人権を便宜上次のように分類することにする。

- 平等権（個人の尊重，法の下の平等，奴隷的拘束，苦役の禁止）
- 自由権（思想・良心・信条の自由，言論の自由，学問の自由，表現の自由，信教の自由，居住・移転の自由，国外移転・国籍離脱の自由，職業の自由，集会・結社の自由，結婚の自由）
- 生存権（健康で文化的な最低限度の生活）
- 社会権（教育権，勤労権，参政権，財産権，通信の秘密，団結権，団体交渉権）
- 国務請求権（基本的人権を守るための請求権，裁判を受ける権利）

ここで，あえて便宜上としたのは，人権には，不可分性と相互依存性の2つの特性が存在しているために，人権を厳密に分類することは不可能なためである。現実の問題として，平等権と自由権は切り離して扱うことはできないし，生存権と社会権も分離することは不可能である。これが，人権の不可分性である。一方，自由権や平等権などの人権が互いに結びついて機能することが，人権の相互依存性である。

　しかし，人権を不可分性と相互依存性の両面からとらえることは，ある面では矛盾しているといわなければならないであろう。人権が不可分であることは，人権を要素としてではなく，ひとまとまり，または統合体としてとらえることであるから，そこには相互依存の必要はなくなるのではないだろうか。相互依存とは，要素と要素が互いに関連し，結びついて機能することで，要素のないところでは存在しないと考えられる。そこで筆者は，人権を内容と機能の面からとらえることにしている。人権は，不可分性の上から厳密に分類することはできないが，内容面からは，ある程度の大まかな分類は可能である。それが平等権，自由権，生存権，社会権，国務請求権の分類である。それらの人権は，実際には，互いに依存し合いながら機能しているのである。人権を内容と機能の両面からとらえることは，不可分性と相互依存性を並列的・同時的なものとしてではなく，両者を内容とプロセス，または内容と働きとしてとらえることである。

　基本的人権は，諸権利が統合されてはじめて人間社会で機能することができるものである。近年は，社会の変化に伴って，新たな人権問題が発生している。HIVやハンセン病患者に対する差別問題，個人情報の問題，日照権・大気汚染・騒音などの環境問題，セクハラ，男女差別，児童虐待などの問題がクローズアップされている。これらの問題に対応するためには，人権の不可分性と相互依存性のもとで，人権を統合的・弾力的にとらえて対処する必要がある。人権を固定的・断片的にとらえると，硬直化して，社会変化に臨機応変な対応ができなくなる。

　日本国憲法には，次のように記されている。

第12条　この憲法が国民に保障する自由及び権利は，国民の不断の努力によって，これを保持しなければならない。

　この条文の中の「国民の不断の努力」とは，現在享有している権利を保持するだけでなく，社会変化に伴う新しい問題に対応することも含まれると解せられる。人権の前に，あえて基本的の修飾語がつけられているのは，先に分類した5つの権利が基本または根本になって，新しい問題に対しても応用，発展，拡大が求められるためであろう。

③ 国際連合と人権問題

　国際連合（以下「国連」）は，第2次世界大戦の反省から1945年，世界平和の実現を目的に発足したが，発足当初から人権問題に取り組んできた。それは，人間の尊厳の上に自由と平等を実現することが，世界平和の基礎であるという理念に基づいている。それだけに，国連を抜きにして人権問題を論ずることはできない。国連では次のような目的を掲げているが，この目的からも人権が世界平和の基礎であることは明白である。

① 世界平和を守ること。
② 各国の間に友好関係をつくりあげること。
③ 貧しい人びとの生活条件を向上させ，飢えと病気と読み，書きのできない状態を克服し，お互いの権利と自由の尊重を働きかけるように共同で努力すること。
④ 各国がこれらの目的を達成するのを助けるための話し合いの場となること。
　また，国連憲章第1条第3項では，人権問題に関して次のように述べられている。
　「……すべての者のために人権及び基本的自由を尊重するように助長奨励することについて，国際協力を達成すること。」

　国連が人権問題に関してこれまで取り組んできたことは，表2.1.1「主要な人権関係事項」に示されている。そのなかで特に本稿との関わりから重要な事項

は，1948年に採択された「世界人権宣言」，1966年に出された「国際人権B規約」，1995-04年の「人権教育のための国連10年」，それに児童の人権に関しては，1924年国際連盟の下で出された「児童の権利に関するジュネーブ宣言」，1989年の「児童の権利に関する条約」などである。

表2.1.1　主要な人権関係事項

西暦	項目	西暦	項目
1945	国連憲章調印，国連発足 (56)	1948	世界人権宣言
1948	ジェノサイド防止条約	1959	児童の権利宣言
1949	人身売買禁止条約 (58)	1968	国際人権会議（テヘラン）
1951	難民条約 (81)	1975	世界女性会議（メキシコ）
1952	婦人参政権条約 (55)	1980	世界女性会議（コペンハーゲン）
1953	奴隷条約改正及び議定書	1985	世界女性会議（ナイロビ）
1954	無国籍者地位条約	1993	世界人権会議（ウイーン）
1957	既婚婦人国籍条約	1995	世界女性会議（北京）
1961	無国籍削減条約	1959	世界難民年
1962	婚姻同意，年齢，登録条約	1968	世界人権年
1965	人種差別撤廃条約 (95)	1971	人種差別と闘う国際年
1966	国際人権A規約条約 (79)	1975	国際婦人年
1966	国際人権B規約条約 (79)	1976-85	国際婦人の10年
1966	人権規約A規約選択議定書Ⅰ	1979	国際児童年
1967	難民条約議定書 (82)	1981	国際障害者年
1968	戦争犯罪時効不適用条約	1983-92	国際障害者の10年
1973	アパルトヘイト禁止条約	1993-02	アジア・太平洋障害者の10年
1979	女子差別撤廃条約 (85)	1987	国際居住年
1984	残虐刑罰等禁止条約	1990	国際識字年
1985	スポーツアパルトヘイト条約	1993	国際先住民年
1986	奴隷慣行廃止補足条約	1994-03	世界先住民の国際10年
1989	人権規約A規約選択議定書Ⅱ	1994	国際家族年
1989	児童の権利条約 (94)	1995-04	人権教育のための国連10年
1990	移住労働者等権利保護条約（未発効）	1996	貧困根絶のための国際年
		1999	国際高齢者年

（　）の数字は，日本政府が批准した西暦年

これらの宣言, 規約, 条約は, わが国をはじめ世界各国の基本的人権の指針になっている。ちなみに, 国連のいろいろな宣言, 条例, 規約等に出てくる「基本的権利」とか「基本的人権」「人権及び基本的自由」等の語は, 日本国憲法の「基本的人権」とほぼ同じ意味で用いられている。

1　世界人権宣言

世界人権宣言が国連で採択されたのは1948年, 当時の加盟国は48カ国であったが, 現在は191カ国に達している。この宣言では, 人権を無視したり軽悔することは, 人類の良心を踏みにじる野蛮的行為で, 世界平和を実現するためには基本的人権を保障する必要があるとしている。この宣言は, 全30条から成り, 第1条と第2条には, この宣言の基本理念が掲げられている。

第1条　すべての人間は, 生まれながらにして自由であり, かつ, 尊厳と権利について平等である。人間は, 理性と良心を授けられており, 互いに同胞の精神をもって行動しなければならない。

第2条　全ての人は, 人種, 皮膚の色, 性, 言語, 宗教, 政治上その他の意見, 国民的若しくは社会的出身, 財産, 門地その他の地位又はこれに類するいかなる事由による差別を受けることなく, この宣言に掲げる全ての権利と自由とを享有することができる。

これらの条文では, 人間は理性と良心をもったかけがえのない存在で, 生まれながらにして自由かつ平等であり, いかなる差別も許されないとしている。そのうえで, 次のような基本的人権の保障を求めている。

- 平等権（法の下での平等, 差別撤廃, 奴隷制度の禁止）
- 自由権（思想・良心・宗教の自由, 意見表明の自由, 表現の自由, 結社の自由, 勤労・職業の自由, 平和集会の自由, 移転・住居の自由, 婚姻の自由）
- 生存権（生命・自由・身体の安全, 法による保護, 健康・福祉に十分な生活水準の保持, 私事, 家族, 通信の保護, 名誉・信用の保護）
- 社会権（人として認められる権利, 国籍を持つ権利, 参政権, 文化権, 教育権, 社会保障を受ける権利, 財産の所有, 他国へ避難する権利, 拷問の禁止,

　　　　公務につく権利，労働組合への参加，休息・休暇・文化生活，芸術鑑賞）
　●国務請求権（裁判所による救済，裁判を受ける権利）
　人権をこのような形で分類することは，人権の不可分性と相互依存性の特性から無理があり，厳密性を欠くことについてはすでに述べているが，だからといって，分類が曖昧でよいということにはならない。分類のためには，それなりの基準が必要である。基準を人権の内容面におくと，分類は主観的になりがちである。例えば差別撤廃や奴隷制度の禁止は，平等権，自由権，社会権のいずれにも分類されるであろう。そこで筆者は，表現形式に着目して分類を試みた。
　ここでは，「禁止」の語が用いられている場合は，あらゆる差別的取り扱いを禁止していることから平等権，「自由」の語が用いられている場合は自由権，「保護」の場合は生存権，「権利」の場合は社会権というように用語を手がかりに分類に当たった。ここから，例えば「人として認められる権利」は，平等権や生存権に分類されがちであるが，この権利のなかにはより広範な権利が含まれると考えられることから社会権に分類し，また，拷問の禁止についても，ここでは禁止という語が用いられているが，この場合容疑者の権利に該当することから社会権としたのである。このように部分的には例外があるにしても，表現形式を手がかりに分類することで，そのなかに一貫性と客観性を見出したのである。
　この種の分類によって，ある程度人権の内容を明確にし，また他の宣言や条約，法令と比較することが容易になるメリットがある。例えば，この分類をもとに世界人権宣言のなかの基本的人権と日本国憲法のなかのそれを比較すると，自ずと共通点と相違点が浮き彫りになる。
　いずれにしても，この宣言のもつ意義は計り知れない。この宣言は，世界中のあらゆる人に基本的人権を保障するための突破口になり，またそのための指針として今も重要な役割を果たしているのである。わが国では，1998年12月に世界人権宣言採択50周年を記念して，衆参両院ですべての人に人権が尊重される社会の実現を目指して一層努めるための決議がされた。

2 国際人権B規約

　世界人権宣言は，あらゆる人に基本的人権の保障を宣言したが，宣言は，国連としての人権に対する指針や態度を示したもので，そこには法的拘束力がないために，時には総論賛成，各論反対の弊害を招いて，基本理念が骨抜きにされるきらいがある。それでは，折角の宣言も絵に描いた餅に過ぎない。この宣言を実現するためには，法制化によって法的拘束力をもたせる必要がある。そのために，1966年，国際人権規約が採択された。

　この規約には，A規約とB規約があるが，ここでは，B規約を取り上げる。B規約は，「市民的・政治的権利に関する国際規約」で，一般には「自由権規約」とも呼ばれている。この規約は，全53条から成り，第1条と第2条に基本理念が掲げられている。

　　第1条　すべての人民は，自決の権利を有する。この権利に基づき，すべての人民は，その政治的地位を自由に決定し並びにその経済的，社会的及び文化的発展を自由に追及する。(以下略)

　　第2条　この規約の各締約国は，その領域内にあり，かつ，その管轄の下にあるすべての個人に対し，人種，皮膚の色，性，言語，宗教，政治的意見その他の意見，国民的若しくは社会的出身，財産，出生又は他の地位等によるいかなる差別もなしにこの規約において認められる権利を尊重し及び確保することを約束する。

　第1条では，自決ということを掲げているが，これは自己決定の意であることはいうまでもない。自己決定は，自らの考えと自らの判断で意思決定をし，それに自己責任を伴うものである。

　人権を自決としてとらえることは，人間の理性と良心のもとで，勇気をもって一人ひとりの自由意思で人権を行使することを意味する。このことは，J・デューイが『民主主義と教育』のなかで指摘しているように民主主義の基本理念である。デューイによれば，子どもの興味や個性の上に，自主的活動を重視することが民主主義で，この点で教育と民主主義は一体であり，子どもに指示，命令，強制をすることは民主主義の理念に反するというのである。つまり民主

主義は教育にあとから付け加えられたのではなく，教育そのものが民主主義であるというのである。このことは，人権についても同じで，人権と民主主義は一体である。

　それが第2条では，人権は，国の責任で確保されるとして，そのための義務を国に求めている。ここから人権は，個人と国の双方の努力によって実現されるというのが，この規約の基本である。この規約の目的は，世界人権宣言の実現にあることはいうまでもないが，この規約のなかには新しい人権が付け加えられていることにも注目する必要がある。

　ここでは，次のような人権が掲げられている。

- 平等権（法の前の平等，差別扇動の禁止，奴隷・強制労働の禁止，外国人の恣意的追放の禁止）
- 自由権（思想・良心・宗教の自由，表現の自由，結社の自由，身体の自由，婚姻の自由，移動・居住・出入国の自由，平和的集会の自由）
- 生存権（安全，私事・家族・通信・名誉・信用の保護）
- 社会権（人として認められる権利，生命に対する権利，参政権，拷問・虐待・残酷な刑の禁止，児童の権利，男女同権，少数民族の権利，死刑の制限）
- 国家請求権（裁判を受ける権利，公平な裁判，公平な審査，人権委員会の設置）

ここにあげた人権を先の世界人権宣言のそれと比較すると，このなかには，男女同権や外国人の恣意的追放の禁止，児童の権利，少数民族の権利などが付け加えられている。それは，世界人権宣言の採択から18年の歳月を経て，その間に，国際情勢や社会の変化に伴って，新たな人権が求められるようになったためであろう。各国では，この規約を批准して，同時に国内法の整備をすることになるが，ここでは，先の総論賛成，各論反対の思わくが入り混じって調整に難航することがままある。わが国の場合も，この規約が批准されるまでに13年の歳月を要している。

3　人権教育のための国連10年

　国連では，1995年から2004年までの10年間を「人権教育のための国連10年」

として，そのための行動計画を策定した。人権は，一人ひとりの自覚のうえに自決によって行使されるものであるから，人権を実現するうえで教育の果たす役割は大きい。教育の目的について，世界人権宣言第26条では次のように述べられている。

「教育は，人格の完全な発達並びに人権及び基本的自由の強化を目的としなければならない。」

同様に，「国際人権規約」や「児童の権利に関する条約」等でも教育の重要性が取り上げられている。「人権教育のための国連10年」の行動計画では，人権教育を次のように定義している。

人権教育とは，知識と技術の伝達および態度の形成を通じ，人権という普遍的文化を構築するために行う研修，普及および広報努力と定義され，以下を目指す。

① 人権と基本的自由の尊重と強化
② 人格及び人格の尊厳に対する感覚の十分な発達
③ 全ての国家，先住民，及び人種的，民族的，種族的，宗教的及び言語的集団の間の理解，寛容，ジェンダーの平等並びに友好の促進
④ 全ての人が自由な社会に効果的に参加できるようにすること
⑤ 平和を維持するための国連の活動の促進

これらの目標の上に，人権教育を進めるうえでの指導原則としては，次のようなことがあげられている。

① 人権の不可分性と相互依存性を認識して，人権について包括的なアプローチを採用する。
② 人権教育は，公的学習（formal learning）と非公的学習（non-formal learning）の双方を通して，全ての年齢層，全ての社会構成集団の男女が平等に参加するものとする。
③ 民主主義と人権は，相互に依存し，かつ相互に補強し合うものである。
④ ジェンダーに対する偏見や人種等への先入観と闘うこと，またこれらから自由であること。

⑤ 学習者に必要な知識，技術を伝え，それが態度や行動に影響を与えるようにする。
⑥ 人権教育は，国連人権高等弁務官を最高責任者として，国連の総力をあげて推進する。
⑦ 各国政府は，人権教育のための国内行動計画を作成して，実施にあたり，その進捗状況を年次国連人権高等弁務官に報告すること。

わが国の場合は，「人権教育のための国連10年」を受けて，1995年，内閣に推進本部が設置され，1996年に国内行動計画が公表されて，主に次のような取り組みがされた。

① 初等，中等教育並びに大学で人権教育を推進する。
② 社会教育，企業，医療，福祉……等で人権教育を推進する。
③ 重点課題を次のようなものとする。
　　女性，子供，高齢者，障害者，同和問題，アイヌの人々，外国人，HIV感染者，ハンセン病，刑を終えて出所した人
④ 地方公共団体の自主的な取り組みを奨励する。

国内行動計画では，これ以外にも多くの施策が講じられているが，ここでは紙面の関係で省略する。それにしても，この行動計画がもとになって，男女共同参画社会，障害者の自立支援等多くの面で成果をあげている。

学校における人権教育については，あとの項で取り上げるが，人権教育は，国連10年の期間中だけでなく，あらゆる場所，あらゆる機会に取り組まれなければならない課題である。

4　児童の人権

児童の人権に関しては，1924年，国際連盟のもとで「児童の権利に関するジュネーブ宣言」が採択された。児童の権利について，国際機関が取り上げたのはこれがはじめてで，この宣言では，生存権を保障することが主になっている。それは，次の通りである（「児童の権利に関するジュネーブ宣言」1924年9月26日国際連盟総会第5会期採択）。

「ジュネーブ宣言」として一般に知られる当「児童の権利宣言」により，すべての国の男女は，人類が児童に対して最善のものを与えるべき義務を負うことを認め，人種，国籍または信条に関する一切の事由に関わりなくすべての児童に，以下の諸事項を保障すべきことを宣言し，かつ自己の義務として受諾する。

① 児童は，身体的ならびに精神的の両面における正常な発達に必要な諸手段を与えなければならない。

② 飢えた児童は食物を与えられなければならない。病気の児童は看病されなければならない。発達の遅れている児童は援助されなければならない。非行を犯した児童は更生させられなければならない。孤児および浮浪児は住居を与えられ，かつ，援助されなければならない。

③ 児童は，危難の際には，最初に救済を受ける者でなければならない。

④ 児童は，生計を立て得る地位におかれ，かつ，あらゆる形態の搾取から保護されなければならない。

⑤ 児童は，その才能が人類同胞への奉仕のために捧げられるべきである，という自覚のもとで育成されなければならない。

1945年，現在の国連が発足して以来，児童の人権については，「国際人権規約B規約」で，①差別されない権利，②出生後登録され，氏名をもつ権利，③国籍を有する権利があげられている。

また，「人権教育のための国連10年」では，人権教育の対象に児童が含まれている。このような流れの中で，児童の基本的人権を本格的に取り上げたのは，1994年に採択された「児童の権利に関する条約」である。ここでは，18歳未満のすべての児童の「最善の利益」のために，次のような人権の保障を求めている。

● 平等権（差別撤廃，障害者の保護・自立・社会参加の支援，搾取・強制労働からの保護，暴力・虐待・性的搾取・放置からの保護，難民児童の保護）

● 自由権（表現の自由，意見表明の自由，思想・良心・宗教の自由，平和的集会の自由，結社の自由）

- 生存権（最高水準の生活の確保，健康・生存・発達の保障，父母による養育責任，国による救済，私生活，住居，通信への不干渉，名誉・信用の保護）
- 社会権（生命に対する権利，社会保障を受ける権利，社会保険の加入，教育権，文化権，拷問，刑罰を受けない権利，氏名・国籍をもつ権利，休息・余暇・文化的生活・芸術参加，自国の言語使用，メディアの情報・資料活用，15歳未満の敵対行為不参加，軍隊採用の差し控え）

これまでの分類では，「保護」に当たる人権は生存権のなかに位置づけてきたが，ここで「虐待・性的搾取・放置からの保護」などの権利を平等権としたのは，元来これらのことは「禁止」に当たるものが，児童の場合は「保護」の対象になるためである。

この条約がわが国で批准されたのは1994年，当時筆者は，全日本中学校長会（全日中）の幹事として生徒指導部会に所属して，この条約に対する全日中としての見解のとりまとめに当たっていたが，当時は児童の自由権，とりわけ表現の自由，集会の自由の取り扱いの問題に論議が集中していた。児童に完全な自由を認めた場合，果たして学校は成り立つだろうかという問題が最大の関心事であった。

児童の表現の自由については，条約の第13条第2項で「この権利の行使については，一定の制限を課すことができる」として，「他の者の権利や信用の尊重」と「国の安全，公の秩序，または公衆の健康，若しくは道徳の保護」が付け加えられていることから，今日ではさしたる問題もなく，この条約はわが国の学校に受け入れられている。

近年の教育・いじめや体罰・虐待等が社会問題になっている折，この条約に対する啓発・普及があらためて望まれる。

4 わが国における人権問題

わが国では，同質性や画一性を重視する傾向が強く，それに非合理的な因習意識が依然として残っているために，それらが同和問題やいじめ問題の解決を

遅らせているともいえる。特に最近は，国際化，情報化，高齢化，少子化等の急激な社会変化が人権問題をより複雑にしているのである。ここでは，わが国における人権問題として，「同和対策審議会答申」と「人権擁護審議会答申」を取り上げる。

　同和問題とは，かつて新平民とか部落民と呼ばれていた人たちに対する不合理な差別で，古くは江戸時代から現在に至るまで残存し，それはわが国の恥部になっている。この問題には，次のような歴史的背景がある。

江戸中期　賤民に対する身分差別が強化され，なかでも同和地区の住民に対しては，職業，住居，婚姻，交際，服装等の差別が行われていた。

明治5年　太政官布告第61号により解放令が出され，「今より身分，職業とも平民同様たるべし。」として，賤民制度が廃止された。

明治6年　壬申戸籍には，旧身分が記載されていた。

大正11年　京都市岡崎で「全国水平社」が結成され，部落民自身による解放運動が行われた。差別撤廃，職業の自由等を掲げ，人間性自尊の宣言をした。ちなみに，水平とは，だれもが平等ということである。

昭和21年　部落解放全国委員会が結成される。これは，全国水平社運動を引き継ぐもので，おもに経済面の運動に取り組んだ。

昭和26年　オールロマンス事件。京都市保健所の職員が，部落民を露悪的に扱った「特殊部落」と題する小説をオールロマンス誌に発表して大きな問題になった。

昭和30年　部落解放同盟が結成される。

昭和40年　同和対策審議会答申。この答申が基になって，同和問題に対して各種の具体的対策が講じられるようになった。

昭和44年　同和対策特別措置法。生活環境の改善，社会福祉，職業，教育の充実など具体的な対策が講じられた。

昭和57年　地域改善特別措置法。ここでは同和の語が地域改善に置き換えられて，残された課題に取り組むようになった。

　これら同和問題の歴史のなかで，最も重要なものは，同和対策審議会答申で，

同和対策の憲法ともいわれ，次に掲げる冒頭の文はとりわけ有名である。

1 同和対策審議会答申
(1) 同和問題の本質

「いわゆる同和問題とは，日本社会の歴史的発展の過程において形成された身分階層構造に基づく差別により，日本国民の一部の集団が経済的・社会的・文化的に低位の状態におかれ，現代社会においても，なおいちじるしく基本的人権を侵害され，とくに，近代社会の原理として何人にも保障されている市民的権利と自由を完全に保障されていないという，もっとも深刻にして重大な社会問題である。

　その特徴は，多数の国民が社会的現実としての差別があるために一定地域に共同体的集落を形成していることにある。最近この集団的居住地域から離脱して一般地区に混在するものも多くなってきているが，それらの人々もまたその伝統的集落の出身なるがゆえに陰に陽に身分的差別のあつかいをうけている。集落をつくっている住民は，かつて「特殊部落」「後進部落」「細民部落」など蔑称でよばれ，現在でも「未解放部落」または「部落」などとよばれ，明らかな差別の対象となっているのである。

　（中略）

　封建社会の身分制度のもとにおいては，同和地区住民は最下級の賤しい身分として規定され，職業，住居，婚姻，交際，服装等にいたるまで社会生活のあらゆる面できびしい差別をうけ，人間外のものとして，人格をふみにじられていたのである。」

このなかで同和問題の中心課題は，就職と教育の保障，それに生活安定と地位向上にあるとして，同和対策としては，生活環境の改善，社会福祉の充実，産業・職業の安定，教育・文化の向上，基本的人権の擁護等を内容とする総合的対策の必要性があげられている。この答申がもとになって，同和対策特別措置法や地域改善特別措置法が制定され，具体的な対策が講ぜられるようになった。

また，同和教育に関しては，部落差別等の封建的な差別を除去し，国民すべ

てが自由で豊かな生活ができる社会の形成を目指して，次のような課題が掲げられている。
　① 同和教育は，教育活動全体の中で行う。
　② 教職員の研修を充実する。
　③ 家庭やPTAとの協力・連携に努める。
　この答申がもとになって，同和問題に対する総合的な対策が講じられ，今日では実質的差別は解消されつつあるが，心理的差別は依然として残っているといわなければならない。それには，同和教育，とりわけ人権尊重教育と人権啓発活動がますます重要になる。

2　人権擁護審議会答申

　これまで人権問題の中心は，同和問題であったが，1999（平成11）年に「人権擁護審議会答申」が出されたのを機に，時代は，「同和の時代から人権の時代」に移った。この答申では，次のような課題が取り上げられている。
　① 女性に関する課題として，人々の意識の中に形成された固定的役割分担意識等からくる，就職の際や職場における昇進の際の男女差別の問題のほか，セクシュアルハラスメント，家庭内における暴力などの問題がある。
　② 子どもに関する課題として，子どもたちの間のいじめは依然として憂慮すべき状況にあるほか，教師による児童生徒への体罰も後を絶たない。また，親による子どもへの虐待なども深刻化しつつある。
　③ 高齢者に関する課題として，我が国における平均寿命の大幅な伸びや少子化などを背景として社会の高齢化が急速に進む中，就職に際しての差別の問題のほか，介護を要する高齢者に対する家庭や施設における身体的・心理的虐待や高齢者の財産を本人に無断でその家族等が処分するなどの問題がある。
　④ 障害者に関する課題として，就職に際しての差別の問題のほか，障害者への入居・入店拒否などの問題が依然として存在しており，さらに，施設内における知的障害者等に対する身体的虐待事件の多発などが近時目を引く。

⑤ 同和問題に関する課題として，同和問題に関する国民の差別意識は，特に昭和40年の同和対策審議会答申以降の同和教育及び啓発活動の推進等により着実に解消に向けて進んでいるが，結婚問題を中心に，地域により程度の差はあるものの依然として根深く存在している。就職に際しての差別の問題や同和関係者に対する差別発言，差別落書などの問題もある。

⑥ アイヌの人々に関する課題として，結婚や就職に際しての差別の問題のほか，差別発言などの問題がある。

⑦ 外国人に関する課題として，諸外国との人的・物的交流が飛躍的に拡大し，我が国に在留する外国人が増えつつある中，就労に際しての差別の問題のほか，外国人への入居・入店拒否など様々な問題がある。また，在日朝鮮人児童生徒への暴力や嫌がらせなどの事件や差別発言などの問題もある。

⑧ HIV感染者やハンセン病の患者及び元患者に関する課題として，日常生活や職場・医療現場における差別の問題のほか，マスメディアの報道によるプライバシーの侵害などの問題がある。

⑨ 刑を終えて出所した人に関する課題として，就職に際しての差別の問題のほか，悪意のある噂の流布などの問題がある。

これらの課題に対して，国民の間に人権思想を浸透するためには，人権教育と人権啓発活動を推進する必要に迫られる。人権教育とは，人権尊重の精神を涵養することであり，人権啓発とは，人権尊重の思想を広く国民の間に普及・高揚することであるから，当然両者は重なり合う部分がある。この点で，学校教育の果たす役割はますます重要になってくる。

5 学校における人権教育

学校における人権教育は，「人権教育のための国連10年」の趣旨に添って推進されることはいうまでもないが，学校教育では，心の教育，とりわけ道徳教育との関連が深い。第16期中央教育審議会では，「生きる力」の核として，心の教育について次のような答申を出している。

① 美しいものや自然に感動する心など柔らかな感性
② 正義感や公正さを重んずる心
③ 生命を大切にし，人権を尊重する心など基本的な倫理観
④ 他人を思いやる心や社会奉仕の精神
⑤ 自立心，自己抑制力，責任感
⑥ 他者との共生や異質なものへの寛容

　このなかの生命尊重や人権尊重，寛容等は，人権にかかわる中心的な価値であり，正義感，公正さ，責任感，思いやり等は，人権を支える周辺的な価値としておさえられ，これらすべてを包むものが感性である。感性とは，価値に対する感受性のことで，この場合は人権を敏感に感じ取り，差別を憎む感情である。現在，子どもの感性が危ういといわれているが，豊かな感性が育まれない限り，今問題になっている子どもたちによる衝撃的な問題行動は後を絶たないであろう。

　人権教育は，教育活動全体のなかで各教科や道徳，特別活動，総合的な学習の時間のそれぞれの特性を生かしながら展開される。それには全体計画を作成する必要があり，そこでは次のような事項を押さえることが求められている。

① 教育関係の諸法規，時代や社会の要請
② 地域の実態，教師や保護者の願い，児童・生徒の発達段階
③ 学校や学級の教育目標，人権教育の重点目標，各学年の重点目標
④ 各教科，道徳，特別活動，総合的な学習の時間との関連
⑤ 学校，学級環境の充実・整備
⑥ 家庭・地域との連携・方法

　全体計画に基づいて人権教育を推進する際に，なかでも特に関連の深いのが道徳教育と社会科，それに特別活動，総合的な学習の時間である。道徳教育に関しては，学習指導要領の総則1の2で，次のように述べられている。

　「学校における道徳教育は，学校の教育活動全体を通じて行うものであり，道徳の時間をはじめとして各教科，特別活動及び総合的な学習の時間のそれぞれの特質に応じて適切な指導を行わなければならない。

道徳教育は，教育基本法及び学校教育法に定められた教育の根本精神に基づき，人間尊重の精神と生命に対する畏敬の念を家庭，学校，その他社会における具体的な生活の中に生かし，豊かな心をもち，個性豊かな文化の創造と民主的な社会及び国家の発展に努め，進んで平和的な国際社会に貢献し未来を拓く主体性のある日本人を育成するため，その基盤としての道徳性を養うことを目標とする。

　道徳教育を進めるに当たっては，教師と生徒及び生徒相互の人間関係を深めるとともに，生徒が人間としての生き方についての自覚を深め，家庭や地域社会との連携を図りながら，ボランティア活動や自然体験活動などの豊かな体験を通して生徒の内面に根ざした道徳性の育成が図られるよう配慮しなければならない。」

一方，道徳の時間の目標は，次のようになっている。

　「道徳の時間においては，以上の道徳教育の目標に基づき，各教科，特別活動及び総合的な学習の時間における道徳教育と密接な関連を図りながら，計画的，発展的な指導によってこれを補充，深化，統合し，道徳的価値及び人間としての生き方についての自覚を深め，道徳的実践力を育成するものとする。」

　道徳教育では，道徳的な心情や判断力，態度，実践意欲を育てながら，最終的には道徳性や道徳的実践力を養うことになる。道徳的実践力とは，現在および将来に亘って望ましい行動が取れるようになるための内面的資質で，人権教育の場合は，「人権を尊重する心」がこれに当たる。道徳性については，道徳的実践力と同じとされている。

　一方，社会科における人権教育としては，中学校社会科の公民的分野の目標として次のようなことがあげられている。

　○　目標
(1) 個人の尊厳と人権の尊重の意義，特に自由・権利と責任・義務の関係を広い視野から正しく認識させ，民主主義に関する理解を深めるとともに，国民主権を担う公民として必要な基礎的教養を培う。

(2) 民主政治の意義，国民の生活の向上と経済活動とのかかわり及び現代の社会生活などについて，個人と社会とのかかわりを中心に理解を深めるとともに，社会の諸問題に着目させ，自ら考えようとする態度を育てる。
(3) 国際的な相互依存関係の深まりの中で，世界平和の実現と人類の福祉の増大のために，各国が相互に主権を尊重し，各国民が協力し合うことが重要であることを認識させるとともに，自国を愛し，その平和と繁栄を図ることが大切であることを自覚させる。
(4) 現代の社会的事象に対する関心を高め，様々な資料を適切に収集，選択して多面的・多角的に考察し，事実を正確にとらえ，公正に判断するとともに適切に表現する能力と態度を育てる。

　ここで(1)の目標は，人権そのものに関する内容であり，(2)は，個人と社会との関わり，(3)は，愛国心，人類愛，平和に関する内容，(4)は，3つの目標を達成するための学び方や態度が掲げられている。また，中学校社会科の歴史的分野では，江戸時代の身分制度について扱うことになっている。

　社会科をはじめ各教科においては，人権に関する知識・技術の習得が中心になるが，ここでは関心，意欲，態度とともに思考力，判断力，表現力等を育成することが重要であり，理解のための理解に終わらないように努めなければならない。一方，特別活動や総合的な学習の時間では，活動の民主的な運営や地域社会，障害者，高齢者等との交流，ボランティア活動などの体験を通して人権教育が展開される。ここでは，教科や道徳で養われた知識や資質が実践と結びついて生きて働くことになる。

　教育活動全体のなかで行われる教育では，周到な計画の基に意図的・計画的に取り組まれない限り，全体のなかに埋没するきらいがある。筆者は，ある時期，荒れる学校の再建に当たったが，その折は心の教育を中心に，道徳の時間はもとより，わかる授業，ボランティア活動等に取り組んで学校再建を実現することができた。その経過については，拙著『学校リストラ・ゼロからの出発』(第一法規)で取り上げているが，教育活動全体で行う教育では，校長のリーダーシップのもとで，全職員の共通理解と共通実践が不可欠である。

6 演習の実際

1 ディベート　島崎藤村『破戒』より

　島崎藤村『破戒』は，部落問題を扱った小説で，筆者は，これを要約して拙著『中学校道徳の35時間』（文芸社）のなかで道徳資料として活用している。この小説のあらすじは次の通りである。主人公瀬川丑松は，父の強い意思でえたの身分を偽って師範学校へ進み，やがて教師になる。青年教師丑松は，父母の信頼が厚く，子どもからも慕われていた。ところが，ふとしたことから丑松がえたであることが発覚し，学校を辞めざるを得なくなった。丑松は，一時東京の知人宅に身を寄せてから，自由の国アメリカへ向かった。

　道徳の時間では，丑松の気持ちを中心に差別について話し合いを行うが，演習では，「なぜ丑松はアメリカへ行ってしまったのか」を問題にしてディベートを行った。

〔賛成派〕　当時の状況からすればやむを得ない。
　　　　　差別から解放され，自由に伸び伸び生活したい。
　　　　　身分を偽ったからには，もう信州にはいられない。
　　　　　えたの身分では，日本では仕事がみつからない。

〔反対派〕　丑松は，差別と闘うべきだ。
　　　　　アメリカへ行くのは逃げることだ。
　　　　　丑松は，自分のことだけを考えている。利己的だ。
　　　　　猪子先生は，「我はえたなり。」と懺悔して，部落解放のために闘っていたのではないか。

　まとめ　ここでは，差別と闘うか，それとも差別から逃げるかの二派に分かれたが，この場合いずれか一方に判定を下すことは難しい。両派それぞれの考えのよさを明確にして，あとは個人の判断にゆだねることとした。

2 構成的グループエンカウンター（SGE）

構成的グループエンカウンター（SGE）は，近年学校はもとより企業等でも盛んに取り入れられている。演習では，SGEを通して，自己理解，他者理解，人間関係の改善を図るとともにSGEの手法の習得も目指している。

(1)「権利の連絡船」

これは，人権を扱った内容であるが，SGEに入る前に，簡単なゲームを行って，その後でグループ分けをする。室内を自由に歩き回りながら「おはようございます」と挨拶をし，握手を交わしながら「私は，○○です。よろしくお願いします」と簡単な自己紹介をする。ある程度交流が深まった段階で，グループに分かれてSGEに入る。

● エクササイズ

① あなたは，今難破船の中にいます。あなたの荷物を海に捨てないと船は沈んでしまいます。あなたの荷物に捨てる順番を表2.1.1につけてください。
② グループの順番と理由を表2.1.2に書いてください。
③ シェアリング。表2.1.3の該当するものに○をつけてください。
④ 今日気づいたこと，感じたこと，学んだことを表2.1.4にまとめよう。
⑤ 基本的人権（表2.1.1の10の権利を下記の権利に分類し，番号を入れよう。）

　(ア) 差別をされない権利・平等権　　　　　　（　）
　(イ) 生きる権利・生存権　　　　　　　　　　（　）
　(ウ) 自由に意思決定，選択をする権利・自由権　（　）
　(エ) 社会生活を営む権利・社会権・教育権・文化権・参政権など　（　）
　(オ) 裁判を受ける権利・国務請求権　　　　　（　）

表2.1.1

項　　目	あなたの順番	理　由
1．自分の意思で，すきな職業を選ぶ権利		
2．きれいな空気，水を得られる権利		
3．自分の意見を自由に述べ，聞いてもらえる権利		
4．投票をして，政治に参加できる権利		
5．プライバシーに干渉されない権利		

6．いじめられたり，命令に服従・強制されない権利		
7．愛し，愛される権利		
8．十分な食べ物，飲み物と住まいを得られる権利		
9．みんなと違っている，また異なっていても差別されない権利		
10．旅行をしたり，読書，音楽，スポーツなどで余暇を楽しむ権利		

表2.1.2

1	
2	
3	
4	
5	
6	
7	
8	
9	
10	

表2.1.3

項　目	5	4	3	2	1
1．他の人の意見から，これまで自分で気づかなかったことに気づいた。	・	・	・	・	・
2．権利について自分の考えをもつことができた。	・	・	・	・	・
3．エクササイズに楽しく参加できた。	・	・	・	・	・
4．心を開いてみんなと接することができた。	・	・	・	・	・
5．仲間と楽しく話し合いができた。	・	・	・	・	・
6．仲間の話を真剣に聞くことができた。	・	・	・	・	・
7．仲間のよいところに気づくことができた。	・	・	・	・	・

表2.1.4

3　ロール・プレイ「大きなかぶ」

　この物語は，ロシアの童話でわが国でも小学校国語の教科書や絵本等でお馴染みである。あらすじは，おじいさんが丹精をこめて栽培したかぶが大きくなり，みんなで協力して「うんとこしょ，どっこいしょ」と声をかけながらかぶ

を抜こうとするがなかなか抜けない。おばあさん，お父さん，お母さん，子どもたち，とうとう犬や猫，ねずみまでがやって来て，「うんとこしょ，どっこいしょ」，やっと抜くことができた。演習では，絵とペープサートを使って，役割分担を決めてロール・プレイをするが，それには登場人物の気持ちをおさえる必要があるために，表2.1.5のカードに個人としての気持ちとグループとしてまとめられた気持ちを記入し，そのうえでロール・プレイに入った。

表2.1.5

	個人決定		グループ決定	
	①「うんとこしょ。どっこいしょ」と言った時の登場人物はどんな気持ちだったか。	②かぶが抜けた時「バンザイ」と言ったが，その前に登場人物はどんな叫びを出したか。	①「うんとこしょ。どっこいしょ」と言った時の登場人物はどんな気持ちだったか。	②かぶが抜けた時「バンザイ」と言ったが，その前に登場人物はどんな叫びを出したか。
おじいさん				
おばあさん				
おとうさん				
おかあさん				
男の子				
女の子				
いぬ				
ねこ				
ねずみ				
(　　)				
(　　)				

4　学内ボランティア活動

　学生は，日頃キャンパスライフを楽しんでいるが，その背後には教員はもとより清掃をする人，学食で働く人，警備をする人等さまざまな人が学園生活を支えてくれている。筆者は，清掃をしている人にはいつも「ご苦労様です。きれいになって気持ちがいいですね」と声を掛けるようにしている。すると，決まって「ありがとうございます」と応えてくれる。このことを授業の合間に学生に話し，演習では，学内ボランティア活動を行っている。当日，学生は軍手とビニール袋を用意して，学内のゴミ拾いを行う。いつもはきれいだと思っていたキャンパスに，紙くず，空き缶，タバコの吸殻，放置自転車等々が散乱していた。植え込みや目立たない箇所にはゴミがたくさんあった。

　活動の終わりには，感想文を書いてもらっている。

- いつもは，きれいな学校だと思っていたが，目立たないところにはゴミがいっぱいあって驚いた。
- 紙くずとタバコの吸殻が目立った。マナーの問題だ。
- 掃除をしてくれる人の苦労が分かった。やってよかった。Wow wow
- これからもこのような活動をしよう。
- 自転車をところかまわず置く人がいる。整理してやったが，これからは人の迷惑を考えてほしい。

　学生からは，肯定的な感想ばかりが寄せられた。それらの感想を全部まとめとして印刷をして，次の時間に配ったところ誰もが食い入るように印刷物に目を通していた。演習では，この他にも「メンタルフレンドになろう」とか「面接の実際」なども取り入れて，学生のニーズに応えられるように努めている。これまで演習の実際として，ディベートやSGE，ロール・プレイ等を取り上げてきたが，これらの演習を重ねるにつれ，しらけムードが漂っていたあるクラスの雰囲気が次第に和んで，やがて学生が積極的に活動するようになった。ここから，筆者は，演習とは，まさに「為すことによって学ぶ」または「経験から学ぶ」ことと考えるようになった。

（黒田利英）

第2章　地球環境

1 環境問題と環境教育

　科学技術の急速な進歩，産業活動の飛躍的な発展，消費活動の活発化，開発途上国の人口の急激な増加等により，環境汚染や環境破壊が地球規模で発生している。それらの課題解決には，一人ひとりの身近な問題から広く世界的な規模で取り組まなければならない問題まである。

　わが国でも1989（平成1）年5月の地球環境保全に関する閣僚会議が開催され，関係省庁が連携を図って，地球環境保全の施策を推進している。地球環境保全の推進には，教育の果たす役割はきわめて大きい。現在，取り組まれている「総合的な学習の時間」の課題のなかでも，大気汚染や地球温暖化等の環境教育に関する活動が数多く取り上げられている。

　「環境」という用語は，中国語に由来し，明治中期以降広く使用されるようになった。「環境」(environment, circumstance) の定義は，「生物や人間をとりまく一切の事物（外界）」と「生物や人間の生活に関与する諸条件」の2つがあるが，この場合は，後者の人間との関わりをもったものを環境として定義する。

1　わが国の環境問題の推移

　わが国の環境問題の発端は，「公害問題」である。明治政府は殖産興業政策を最重点施策とし，その振興に力を尽くした。明治20年代になると，足尾銅山や小坂銅山では，精錬所から排出された煙害や鉱毒を含んだ排水等により，森林や農作物の被害が拡大し，社会問題化するに至った。さらに別子や日立でも同様の公害が発生した。日立鉱山では，明治末期から煙害が発生し，1914（大正3）年には，被害区域は4町30カ村に及んだ。経営者の久原房之助は，神峰山の海抜481mの地点に，高さ155.7mの大煙突を作り，亜硫酸ガスを含んだ煙毒を高空に拡散させ，公害防止に努めた。

第2次世界大戦後の1955（昭和30）年のはじめ，わが国の高度経済成長に伴い，汚水や大気汚染等により，地域住民に深刻な健康被害が引き起こされた。いわゆる四大公害である。有機水銀により中枢神経系が侵される水俣病（1956年），工場排水に含まれるカドミウムによる激痛を伴うイタイイタイ病（1957年），石油コンビナートから排出される二酸化硫黄を含む煤煙による四日市ぜんそく（1961年），阿賀野川に排出された有機水銀による新潟水俣病（1965年），に代表される公害が発生し，特に乳幼児や50歳以上の年齢層の被害者の割合が多く見られた。

　これらの公害に対処し，企業責任を明確化するために，1967年に公害対策基本法，1972年に自然環境保全法，1974年に自然保護憲章，1993年には環境基本法が制定され，法的な整備が講ぜられた。1970年から1980年にかけては，企業が発生源と特定できない，例えば自動車の排ガス等による大気汚染，都市の騒音，生活排水による水質汚濁，地下水の汲み過ぎによる地盤沈下，大量消費によるゴミ問題等が発生した。それらは，都市への過密な人口の集中，消費活動の飛躍的な拡大等によるもので，都市・生活型公害といわれている。

　さらに，世界的に見ると，科学技術の急速な進歩と普及，経済産業活動の活発化，発展途上国の人口の急激な増加などは，地球温暖化，オゾン層の破壊，熱帯雨林の減少，酸性雨（霧），海洋汚染，砂漠化，有害廃棄物の越境移動，野生生物種の減少，核拡散とそれによる汚染等を発生させた。このことは人類の生存，人間の尊厳や危機にかかわる緊急かつ重要な課題となっている。

2　環境教育について

　各地で公害問題がおこり，多くの被害者が発生し，規模の拡大と深刻化が進行することにより，それをとりまく環境への関心が高まってきた。このまま環境破壊が進めば，やがてわれわれが住む地球は，もはや回復不可能の状況になるとの予測も行われるようになった。

　1972年6月，スウェーデンのストックホルムで国連人間環境会議が開催され，「かけがえのない地球（Only One Earth）」のスローガンのもと，全地球的視野

から環境問題への関心が寄せられるようになった。この会議で「人間環境宣言」が採択され，それによると環境形成者の育成が重要であり，行動計画のなかに，環境教育の目的として，「自分を取りまく環境を，自分の可能な範囲で管理 (manage) したり，規制 (control) したりする行動を一歩ずつ確実にすることができる人間を育成することにある」とした。

その後，1975年，旧ユーゴスラビアのベオグラードで国際環境教育会議が行われ，「ベオグラード憲章」が採択された。1977年にはグルジアのトビリシで環境教育政府間会議が開催され，環境教育の目指す人間像が明らかになった。1992年には，地球サミット「環境と開発に関する　リオデジャネイロ宣言」と「21世紀環境行動計画」，いわゆる「アジェンダ21」が採択された。1997年には，気候変動枠組条約第3回締結国会議（COP 3）で「京都議定書」が採択されている。

わが国では，1960年代に各地に発生した公害を受け，小学校学習指導要領の5年生の社会科で産業公害が取り上げられた。翌年には，中学校社会科で，1970年には，高等学校社会科で公害問題が取り上げられるにいたった。2002（平成14）年からの「総合的な学習の時間」の設置は，環境教育の取り組みを時間的にも容易にし，各学校で熱心な学習活動が実施されている。

3　環境教育の考え方

環境教育とは，「環境や環境問題について関心や知識を持ち，人間活動と環境との関わりについての総合的な理解と認識の上にたって，環境の保全に配慮した望ましい働きかけのできる技能や思考力，判断力を身に付け，よりよい環境の創造活動に主体的に参加し，環境への責任ある行動がとれる態度を育成すること」（「環境教育指導資料（中・高校編）」文部省，1999年）であるとしている。

環境教育の基本的な視点は次の通りである。

① 環境教育は，家庭，学校，地域社会，職場，企業のそれぞれにおいて行われなければならない。

② 環境教育は，幼児から高齢者にいたるまで，体系的に行われなければな

らない。特に次世代を担う幼児，児童，生徒は，人間と環境との関わりへの関心や理解を深めるために，自然体験と社会体験の積み重ねが重要である。

③ 環境教育は，知識の習得だけにとどまらず，技能の習得や態度の育成も目指すものである。さらに，生涯学習の視点から，学校・家庭・社会の三者の連携を密にすることが必要である。

④ 環境教育は，生産，流通，消費の各過程で行われなければならない。生産過程では，使い捨て製品や有害物質を含む製品を作らない。流通過程では，省資源，省エネルギーを進め，再使用，再利用を図る。消費過程では，環境にやさしい商品の購入やリサイクル運動など，循環型社会システムを形成する意志や決定能力を育成していくことが必要である。

⑤ 環境教育は，地域の実態に対応した課題への取り組みが重要である。環境問題は身近な問題から始めて，究極的には地球環境問題まで解決する意欲，態度，行動力を育成することにある。

"Think Globally Act Locally"「地球規模で考え，足元から行動する」

（伊東　健）

2 地球環境問題

　地球が誕生してから46億年，人類が地球上に現れて300万年。この長い年月をかけて形づくられてきたかけがえのない地球上で，われわれは優れた創造性を発揮し，めざましい発展を遂げ，今日の豊かな社会を築き上げてきた。ところが，大気や気象，海洋，土壌，生物など，地球の環境に大きな異変が起きている。すなわち，われわれの豊かな社会を支えていたエネルギーや資源の大量消費が地球環境に大きな負担をかけている。

　「未来を見る目を失い，現実に先んずる術を忘れる人間，その行きつく先は，自然破壊である。」（アルベルト・シュバイツァーの言葉）」

　レイチェル・カーソンの著『沈黙の春 (Silent Spring)』に紹介されているように，今，われわれは自分のライフスタイルを見直し，それを環境に優しいものへと変えていかなければならない。かけがえのない地球を子や孫に，そして

表2.2.1　地球環境問題

① 地球の温暖化	② オゾン層の破壊	③ 酸性雨
地球は太陽から日射を受ける一方、赤外線を放射することで快適な気候が保たれている。しかし、今、地球からの放射熱を大気中に封じ込めてしまう「温室効果ガス」が急増しており、今後も増加が進むと平均気温が上昇し、大規模な気候変動や海面の上昇などの影響が生じると予想される。	地球を取り巻くオゾン層は、太陽光の中に含まれる有害な紫外線を吸収し、保護膜となって私たち生物を守っている。しかし、大気中に放出されたフロンガス等によって、オゾン層が破壊されており、南極上空ではオゾン層の量が減少して穴あき状態になる「オゾンホール」が観測されている。	化石燃料を燃やすことで発生した硫黄酸化物や窒素酸化物などの汚染物質が、大気中で雨に取り込まれると、地上には酸性の雨が降る。この酸性雨が降り続くと森林の衰退、湖沼の酸性化、建造物の劣化など様々に影響が及ぶ可能性があるため、国境を越えた問題となっている。
④ 森林の減少	⑤ 野生生物種の減少	⑥ 砂漠化
森林は気候条件を緩和し、地球温暖化の原因となる二酸化炭素を吸収するなど、地球規模での役割を果たしている。ところが近年、特に開発途上国における熱帯地域で商業伐採や無理な焼畑などの行為により急激に森林が減少、劣化している。1年間に日本の面積の約3割に当たる森林が失われている。	肥大化する人間活動に伴い、野生生物の乱獲、生息地の環境破壊などが引き起こされており、野生生物の種類は著しいスピードで減少を続けている。	自然現象による干ばつのほか、無理な耕作や放牧、過伐採などで土壌が痩せ続けており、毎年約600万km^2（九州・四国をあわせた面積）もの土壌が砂漠化している。
⑦ 海洋汚染	⑧ 有害廃棄物の越境移動	⑨ 開発途上国の公害問題
多種多様な生物の命の源であり、また、不要物を分解し自然に戻す「自然の浄化工場」としての機能も果たす海が今、浄化能力を超えるほど大規模に汚染されている。	有害廃棄物が自国で処分されず、規制が緩く処分されやすい国に委ねられることがある。しかし、適正な処理能力のない国に持ち込まれ、そこで処分された場合、その国の生活環境を著しく汚染したり、生態系に深刻な影響を与えるなど、環境破壊を引き起こしてしまう。	急激な工業化や人口増加、都市集中が進む途上国では技術開発が進む反面、森林や野生生物が減少し、更に大気汚染や水質汚濁などの環境汚染が進むといった問題を抱えている。被害は自国にとどまらず、酸性雨のように近隣諸国に影響を及ぼすほか、環境のモニタリング体制が不十分なため、事態はより深刻である。

```
                          先 進 国
                   ┌────────┼────────┐
(国際取引)←─ 高度な経済活動      開発援助
      化学物質の使用 化石燃料の使用   海洋汚染←──
           │      │        ↑
         (フロン) (炭酸ガス等)(硫黄酸化物)
                  (フロン)  (窒素酸化物)
      オゾン層の破壊 地球の温暖化  酸性雨
                              (環境配慮が不足)
                              した場合
      野生生物種の減少
      
      熱帯林の減少  砂漠化   開発途上国の
                              公害問題
      (焼畑 耕作等)(過放牧・過耕作等)
      (木材生産)
      有害廃棄物
      の越境移動  人口の急増  経済活動水準の上昇
           貧困・対外債務 開発途上国   人口の急増
```

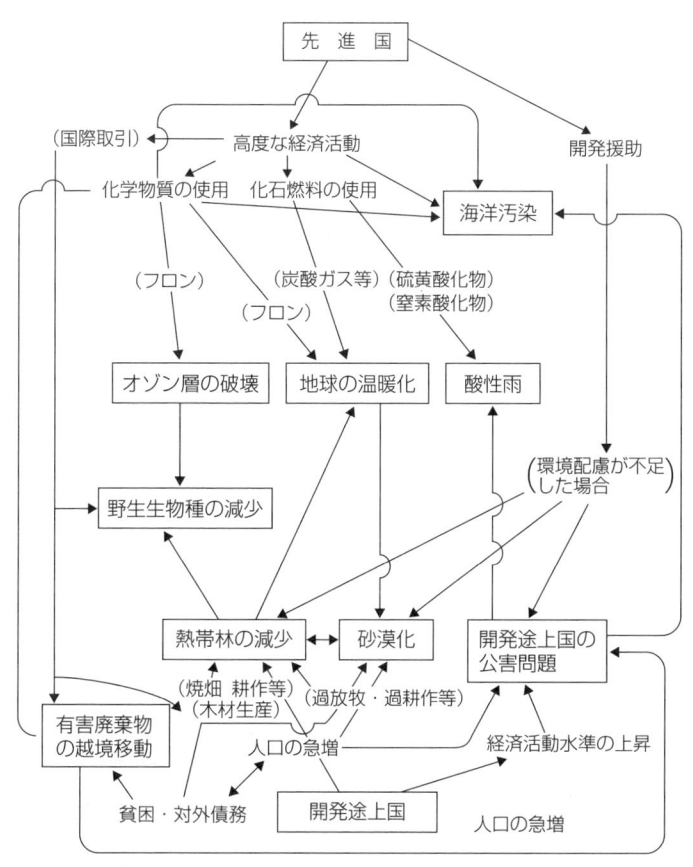

出所:環境省『平成2年版 環境白書』

図2.2.1 「問題群」としての地球環境問題

未来の世代に引き継いでいくことが，われわれに今，求められている使命である。われわれ一人ひとりが地球環境の現状を正しく確認し，地域で，職場で，そして家庭のなかでも環境，特に，「目に見えないものの大切さ」(地球が発しているSOS)に気づきながら，地球に優しい活動を続けていきたい。

　環境問題のうち，原因や影響が一つの国にとどまらないものや，国際的な取り組みが必要とされるものを地球問題と考える。それらは，一般に表2.2.1に示

す9種類に分類されている。これらは「国連環境計画」(UNEP)の分類によるものであるが,現時点で深刻視される地球環境問題の特徴(図2.2.1)としての地球環境問題から浮かび上がってくるのは,やはり経済成長を追及したツケとして,先進国に展開する環境破壊と貧困や急激な人口増からやむなく進められてきている開発途上国での環境破壊である。そして,その双方が越境汚染という形で世界を複合的に取り巻いている。

1 地球の温暖化

地球上の温度は,太陽からの日射熱と,地球から宇宙空間へ向けた赤外線の放射熱のバランスで決まる。このエネルギー・バランスを単純に計算すると地表面の平均気温はマイナスになってしまう。それが実際にそうなっていないのは,大気中に「温室効果ガス」と呼ばれる何種類かのガス(二酸化炭素63.7%,メタン19.2%,亜酸化窒素5.7%,フロン類10.2%,対流圏オゾンなど)が存在するからである,と考えられている。

地表から放出された赤外線のある部分はこの温室効果ガスに吸収されて温度が上昇するわけで,これを「温室効果」といっている。これまでは,こうした温室効果によって地表の平均気温は適度に保たれてきた。しかし,近年,人間の活動が拡大して化石燃料(石油や石炭など)の消費が増大し,森林の破壊,フロン類の使用などが拡大し,温室効果ガスが大量に大気中に排出されているため,温室効果が強まって地球の温度が上昇する「地球温暖化」という現象が生じている。

その結果,地表の平均温度は20世紀の100年間に0.6℃上がり,1990年代の10年間は,過去1000年で最も温暖な10年となり,2002年は2番目,2003年は3番目の気温を記録した(気象庁2004年報道発表資料)。

(1) 地球温暖化の現状——今,地球の気温はどんどん上昇している

世界各地で温暖化の影響ではないかと考えられる現象が現れている。目につく影響には次のようなものがある。

① 南極半島の棚氷が崩壊。南極大陸から海上に張り出していたラーセン棚

氷という氷塊がとけて崩壊し始めている。1995年には1300km²（沖縄本島とほぼ同じ），1998年には300km²（霞ヶ浦のほぼ1.4倍），2002年には3250km²（鳥取県とほぼ同じ）がとけて崩壊し，氷山となった。また，アルプス，ヒマラヤ，アラスカの氷河もとけ始めている。

② 熱帯夜が増加。最低気温が25℃より下らない夜を熱帯夜というが，東京などでは1930-1940年代頃は年間10日以下なのに対し，1990年代以降，年間30-40日に達することも珍しくはない。

③ 世界各地で起こる熱波，干ばつ，大洪水，森林火災の多発。パリでの熱波，2003年夏（8月12日）40℃を記録，1万5000人が死亡した。東京では35℃付近から（夏の暑い日に）死亡率が増大。2002年の夏ヨーロッパ各地で数百年に一度といわれる大規模な洪水が発生し，チェコ，オーストリア，ドイツ，フランスの4カ国で70人以上が死亡した。被害額は推定160億ユーロ（約2兆1760億円）に上った。

(2) 温暖化に伴う深刻な影響

この地球温暖化がもたらす影響は深刻なものである。まず，気温や降水量などの気候変動をもたらし，海水の膨張や一部地域での氷の融解による海面上昇のおそれがある。「気候変動による政府間パネル」（IPCC）によれば，21世紀までに65cm（最大で1m）の上昇が予想されている。

また，水資源，植生，野生生物等を含む生態系全体が打撃を受け，高温障害や害虫被害によって農業が痛手を被るだろうといわれている。砂漠化の拡大や水不足も危惧されている。

ア 極端な現象の影響の例

21世紀に予想される極端な現象の変化と，予想される影響の代表的な事例について表2.2.2にまとめた。表の作成に当たっては，IPCC編，気象庁・環境省・経済産業省監修『2002・IPCC地球温暖化第3次レポート』を参考にした。

表に示された事例は極端な現象であるにしても，かなりの確率で生じる可能性があると予測されている。その通りではないにしても近い現象が起きる可能性は高い。

表2.2.2 21世紀に予想される極端な気候とその影響

21世紀に予想される極端な現象の変化		予想される影響の代表的な事例
1	最高気温の上昇。暑い日や熱波の増加（ほぼ全域）	高齢者や都市貧困者の死亡や重病発生の増加 多くの穀物被害リスクの増大 冷房電力需要の増大，エネルギー供給信頼性の低下
2	最低気温の上昇。寒い日，霜日，寒波の減少（ほぼ全域）	一部の病害虫や媒介動物の範囲の拡大や活動の活発化
3	集中豪雨の増大（多くの地域）	洪水，地滑り，雪崩，土砂崩れの増加。土壌浸食の増加。洪水流量の増加。洪水氾濫原滞水層の涵養の増加 政府・民間の洪水保険システムや災害救援への圧力が増加
4	夏季の乾燥と関連する干ばつリスクの増加（大陸内陸部の大部分）	穀物生産量の減少（需要に供給が追いつかない） 地面収縮による建築物基礎の被害増大 水資源の量，質の低下 森林火災の増加
5	熱帯低気圧の最大風速，平均，最大降雨強度の増大（一部地域）	人命リスク，感染症リスク，ほかの多くのリスク増大 沿岸侵食，沿岸建設物やインフラの被害増大 サンゴ礁，マングローブなどの沿岸生態系の被害増加
6	エルニーニョに関連した干ばつや洪水の強大化（多くの地域）	干ばつ，洪水常襲地域の農業や草原の生産力の減少 干ばつ常襲地域の水力発電ポテンシャルの減少
7	夏季のアジアモンスーンの降雨変動性の増大	温帯，熱帯アジアの洪水，干ばつ強度と被害の増加
8	中緯度の暴風雨強度の増大	人命や健康リスクの増加 資産やインフラ損失の増加 沿岸生態系の被害の増加

イ　農業への影響－食料の確保

　日本の代表的な農作物であるコメは，温暖化による雨や雪の降り方の変化，害虫の発生，川の流量の変化などによりさまざまな影響を受ける。特にコメどころである北陸地域は，気象，害虫，水資源のどの面からみても，温暖化による被害を受けやすい。

温暖化は，世界全体の農業にも影響を及ぼしている。地球の平均気温が2.5℃程度上がると，食料の需要に供給が追いつかず，食料価格が上がると予測されている。農産物の自給率が低く，他の国に食料の多くを頼っている日本は，食料確保の面で大きな影響を受ける可能性がある。

ウ　温暖化対策がとられない場合の農業への影響

表2.2.3　地球温暖化による農業への影響

		2025年	2050年	2100年
大気中のCO濃度		405−460ppm	445−640ppm	540−970ppm
1990年からの地球平均気温の変化		0.4−1.1℃	0.8−2.6℃	1.4−5.8℃
1990年からの地球平均海面水位上昇		3−14cm	5−32cm	9−88cm
農業への影響	平均的な農作物生産量	穀物生産量は，多くの中〜高緯度地域で増加し，大半の熱帯及び亜熱帯地域で減少する	熱帯及び亜熱帯地域における穀物生産量は，より減少する	2−3℃以上の温暖化では大半の中緯度地域で穀物生産量は減少
	極端な低温および高温	一部農作物への霜による被害低減 一部農作物と家畜へ熱のストレス被害増加	極端な気温の変化の影響増大	極端な気温の変化の影響増大

エ　人の健康への深刻な影響

人の健康への影響は，直接的なものと間接的なものとがある。2003年夏に欧州を襲った熱波などのように直接，人の死亡率などに影響が及ぶ場合と，マラリアやデング熱など病気を媒介する動物の生息域の拡大などを通じて間接的に影響が及ぶ場合がある。

温暖化がウイルス感染の悪循環の引き金になることもある。1999年7月，ニューヨークは熱波の影響により西ナイルウイルスに寄生された蚊が出現した。高温により短期間で増殖し，8月の長雨で蚊の繁殖地が増加した。乾燥した春

表2.2.4　温暖化の健康影響

		温暖化による環境変化	人の健康への影響
直接影響		暑熱，熱波の増加	熱中症，死亡率の変化（循環器系呼吸器系疾患）
		異常気象の頻度，強度の変化	障害，死亡の増加
間接影響		媒介動物等の生息域，活動の拡大	動物媒介性疾病（マラリア，デング熱など）の増加
		水，食物を介する伝染性媒体の拡大	下痢や他の伝染病の増加
		大気汚染との複合影響	喘息，アレルギー疾患の増加

出所：IPCC編，環境庁監修『IPCC地球温暖化第二次レポート』中央法規，1996年より

と夏の気象条件，蚊の天敵であるカエル等の死滅と，暖冬で越冬する蚊の数が増加したなどの要因が重なった。ニューヨークで西ナイルウイルスによる感染症が発生，急速に他州へ広がった。アメリカにおける2003年の患者発生数は9100人，死亡者数は222人（2004年1月21日現在）となっている。

(3) 地球の温暖化対策

ア　温暖化防止の鍵をにぎる京都議定書の要点

気候変動枠組み条約は，これまでの温室効果ガスの多くが先進国から排出されてきたことや，各国の能力等を考慮し，「共通だが差異のある責任」という考え方を根底に据えている。この考え方の下，1997年，わが国の京都で開催された地球温暖化防止京都会議において，気候変動枠組み条約の附属書にリストアップされた先進国や経済移行国（附属書1国）が2008-12年の間に温室効果ガスの排出量を，1990年のレベルより全体で5％以上削減する約束がなされた。これが「京都議定書」である。議定書で定められた温室効果ガス排出削減目標の達成のために認められた国際的仕組みを「京都メカニズム」と呼び，①排出量取引，②共同実施，③クリーン開発メカニズムの3つがある。

日本の排出量は2001年には1990年と比べて5％上回っており，目標達成のために11％も削減しなければならない。

イ　わが国の温暖化対策

表2.2.5　京都議定書の概要

対象ガス	CO_2（二酸化炭素），CH_4（メタン），N_2O（一酸化二窒素）HFC（ハイドロフルオロカーボン），PFC（パーフルオロカーボン），SF_6（六フッ化硫黄）
吸収源の取り扱い	1990年以降の新規の植林や土地利用の変化に伴う温室効果ガス吸収量を排出量から差し引く
削減約束基準年	1990年（HFC，PFC，SF_6は1995年とすることができる）
第一約束期間	2008－2012年（5年間の合計排出量を基準排出量の5倍に削減約束を乗じたものと比較）
削減約束	先進国全体の対象ガスの人為的な総排出量を，基準年より少なくとも約5％削減する 国別目標（日本6％減，アメリカ7％減，EU 8％減など）

表2.2.6　京都メカニズム

排出量取引	先進国が割り当てられた排出量の一部を取引できる仕組み
共同実施	先進国同士が共同で削減プロジェクトを行った場合に，それで得られた削減量を参加国の間で分け合う仕組み
クリーン開発メカニズム	先進国が途上国において削減，吸収プロジェクト等を行った場合，それによって得られた削減量，吸収量としてカウントする仕組み

　日本では1998年6月に「地球温暖化対策推進大綱」が決定された。この大綱に沿ってさまざまな取り組みが行われたが，温室効果ガスの増加は一向にとどまらず，2002年3月には新しい大綱が策定された。新大綱では下記のような基本的な考え方を掲げている。
　① 環境と経済の両立。技術革新や経済界の創意工夫を生かし，環境と経済の両立に資する仕組みの整備構築を図る。
　② ステップバイステップアプローチ。一定期間に目標を設定し，節目（2004年－2007年）に対策の進歩状況について評価，見直しを行い，段階的に必要な対策を講じる。
　③ 各界各層，一体となった取り組み促進。国，地方公共団体，事業者をはじめとする国民全ての主体が各々の役割に応じて総力を挙げて取り組む。

引き続き事業者の自主的取り組みを推進するとともに，特に民生・運輸部門の対策を強力に進める。
④ 温暖化対策の国際的連携の確保。米国や開発途上国を含むすべての国が参加する共通のルールが構築されるよう，引き続き，最大限に努力する。

新大綱では，温室効果ガスの削減目標とともに，100種類以上の対策施策が盛り込まれ，京都議定書の6％削減約束を達成するための具体的裏づけのある対策・施策の全体像が示された。この大綱に基づき，一体となってさまざまな対策に取り組んでいる。

具体的には①風力や太陽光などの新エネルギーの普及促進，②家庭やオフィスなどを含めた省エネ機器の普及，③自動車燃費の一層の改善，④燃料電池，をはじめとする各種対策技術の開発を推進するとともに，メタンや代替フロンなどの排出抑制対策を行ってきている。また，二酸化炭素の吸収源となる森林の整備，京都メカニズムの活用についての検討などを行っている。

将来，地球温暖化がさらに進めば，大雨や干ばつ，熱波などの異状気象の頻度，強度が一層増大し，深刻な影響が生じる。この悪影響は，われわれが温室効果ガスの削減に努力するだけでは十分に避けることはできない。温暖化しつつある気候に併せてどのように人や社会，経済を調節していくかという適応策が必要になってくる。結局，われわれにとっては削減策と適応策をうまく組み合わせていくことが必要である。

2 大気汚染

大気環境を悪化させる要因としては，工場・事業場等から排出されるばい煙や粉塵，自動車の排ガスなどがあげられる。主な大気汚染物質である二酸化硫黄，二酸化窒素，浮遊粒子状物質，一酸化炭素および光化学オキシダントなどの8物質については，環境基本法に基づき生活環境を保全し，人の健康を保護するうえで望ましい基準（環境基準）が設定されている。

(1) 大気汚染物質と健康影響

大気汚染でもっとも深刻視されているのが窒素酸化物による汚染である。

表2.2.7 大気汚染物質と健康への影響

大気汚染物質	健康影響
二酸化硫黄（SO_2）	呼吸器への悪影響があり，四日市ぜんそくなどの原因となったことで知られている。
二酸化窒素（NO_2）	高濃度で，呼吸器に好ましくない影響を与える。
一酸化炭素（CO）	血液中のヘモグロビンと結合して，酸素を運搬する機能を阻害する。
浮遊粒子状物質（SPM）	大気中に長時間対流し，肺や器管等に沈着するなどして呼吸器に影響を及ぼす。
光化学オキシダント	いわゆる，光化学スモッグを引き起こし，粘膜への刺激，呼吸器への影響など人への影響のほか，農作物などの植物への影響も観察されている。

出所：環境省長官官房総務課編『最新環境キーワード』㈶経済調査会，1992年

　1991（平成3）年度の調査では硫黄酸化物，一酸化炭素などの大気汚染物質の排出量がかなり改善を見せたのに対し，窒素酸化物は横ばいであり，環境基準の達成率は一般環境大気測定局（「大気汚染防止法」に基づいて設置）の測定結果でわずか6.4％，自動車排ガス測定局（同じく自動車走行幹線道路に設置）の測定結果でも37.2％にすぎない。

　窒素酸化物は呼吸器疾患の原因となり（表2.2.7），大気中では紫外線を受けて光化学スモッグ（光化学オキシダントを原因とする）を発生させたり酸性雨の原因ともなっている。窒素酸化物による汚染の主な原因は自動車による排気ガスである。東京では窒素酸化物の全排出量の約7割，大阪では約5割が自動車排ガスによるといわれている。

　現在日本では，自動車排ガスへの規制が世界でもっとも厳しいレベルでなされているが，自動車台数を見ると1960（昭和35）年度末には約340万台であったものが，1991（平成3）年には6270万台に達し，30年間で約18倍以上と規制効果を相殺するほど絶対数が増加している。さらに，ディーゼルオイルがガソリンよりも安価なため燃費がよいディーゼル車が増加し，こうした傾向に拍車をかけている。

74　第2部　地球的視野に立って行動する資質能力を育てる学習

　窒素酸化物対策にはディーゼル車を中心に，よりいっそうの規制強化が必要であることから1992（平成4）年には，「自動車から排出される窒素酸化物の特定地域における総量の削減に関する特別措置法」（自動車NOx削減法）が施行されるに至った。

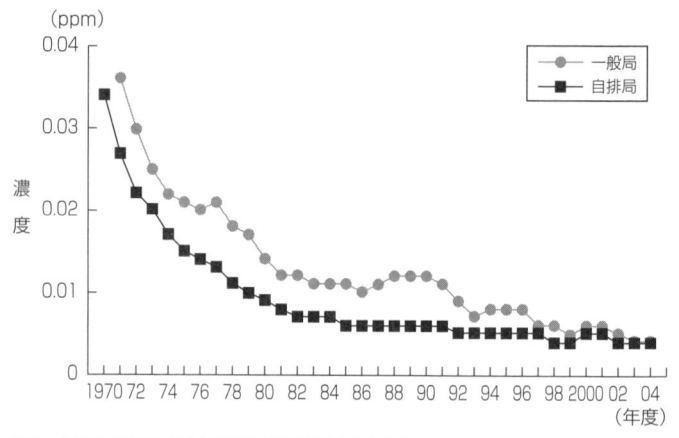

出所：環境省『平成16年度大気汚染状況報告書』より作成

図2.2.2　二酸化硫黄濃度の年平均値の推移（1970年度～2004年度）

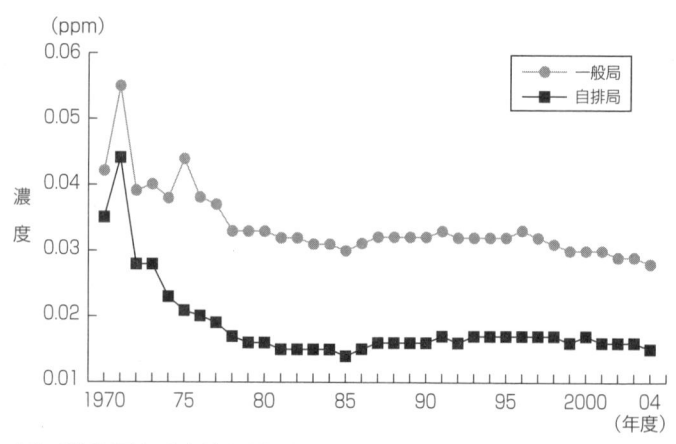

出所：環境省『平成16年度大気汚染状況報告書』より作成

図2.2.3　二酸化窒素濃度の年平均の推移（1970年度～2004年度）

図2.2.4 浮遊粒子状物質濃度の年平均値の推移（1974年度～2004年度）

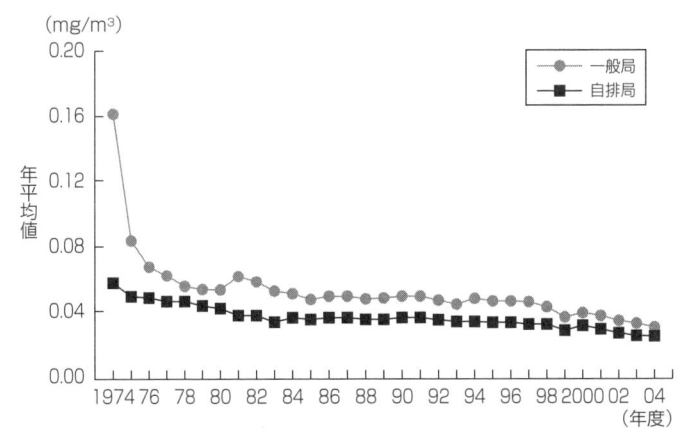

(2) 光化学オキシダント

　光化学オキシダントは大気中の窒素化合物や炭化水素が太陽の紫外線を受けて化学反応を起こし，発生する二次汚染物質である。光化学オキシダントは光化学スモッグの原因となり，高濃度では人の粘膜を刺激し，呼吸器に影響を及ぼすほか，農作物など植物への影響も見られる。

(3) 浮遊粒子状物質（SPM: Suspended Particulate Matter）

　直径が10ミクロン（100分の1㎜）以下の微粒子で，大気中に長時間滞留し呼吸器に悪影響を及ぼす。工場，事業場やディーゼル自動車などより排出される人為的なものから，土壌粒子や海塩粒子や火山活動などの自然現象によって発生するものまできわめて多種多様である。

(4) 酸性雨（酸性雪，酸性霧）——水素イオン指数 PH5.6以下の雨，雪，霧

　大気汚染物質の窒素酸化物や硫黄酸化物が溶け込んで降る酸性の雨を酸性雨といい，湖沼や河川の酸性化による魚類などへの影響，土壌の酸性化による森林への影響，建造物や文化財への影響が懸念されている。酸性雨が早くから問題となっている欧米諸国では，酸性雨によると考えられている湖沼の酸性化や森林の衰退などが報告されている。酸性雨は，原因物質の発生源から数千kmも

2002年度平均／03年度平均／04年度平均

全国平均　4.79／4.71／4.75

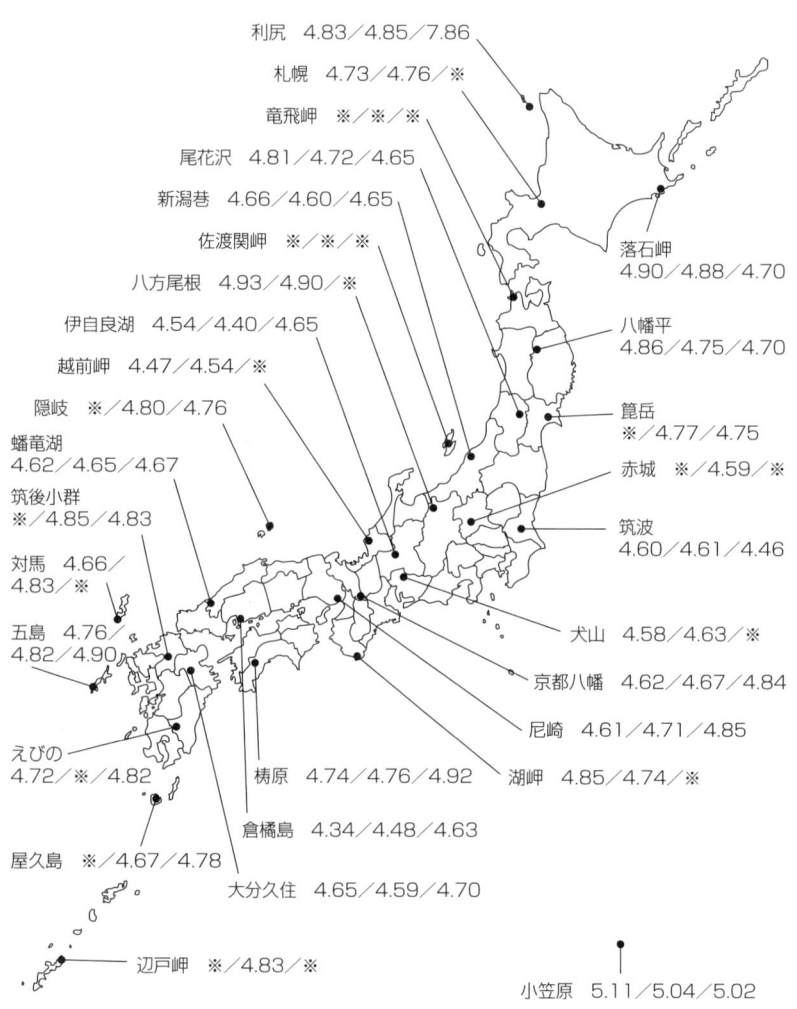

利尻　4.83／4.85／7.86
札幌　4.73／4.76／※
竜飛岬　※／※／※
尾花沢　4.81／4.72／4.65
新潟巻　4.66／4.60／4.65
佐渡関岬　※／※／※
八方尾根　4.93／4.90／※
伊自良湖　4.54／4.40／4.65
越前岬　4.47／4.54／※
隠岐　※／4.80／4.76
蟠竜湖　4.62／4.65／4.67
筑後小群　※／4.85／4.83
対馬　4.66／4.83／※
五島　4.76／4.82／4.90
えびの　4.72／※／4.82
屋久島　※／4.67／4.78
辺戸岬　※／4.83／※

落石岬　4.90／4.88／4.70
八幡平　4.86／4.75／4.70
箟岳　※／4.77／4.75
赤城　※／4.59／※
筑波　4.60／4.61／4.46
犬山　4.58／4.63／※
京都八幡　4.62／4.67／4.84
尼崎　4.61／4.71／4.85
湖岬　4.85／4.74／※
梼原　4.74／4.76／4.92
倉橘島　4.34／4.48／4.63
大分久住　4.65／4.59／4.70
小笠原　5.11／5.04／5.02

※：年平均値を無効と判断したもの
注1：平均値は，降水量加重平均値である。
　2：赤城は，積雪時には測定できないため，年平均値を求めることができない年度もある。
出所：環境省『平成18年版　環境白書』

図2.2.5　降水中のpH分布図

離れた地域にも影響を及ぼす性質があり，国境を越えた広域的な現象である。

　欧米諸国では酸性雨による影響を防止するため，1979年に「長距離越境大気汚染条約」を締結し，関係国が共同で酸性雨のモニタリングを行うとともに，硫黄酸化物，窒素酸化物などの酸性雨原因物質の削減を進めている。また，2002年のヨハネスブルク・サミットで採択された実施計画においても，国際的，地域的，国家的レベルでの協力の強化が求められている。

ア　酸性雨対策調査結果

　日本では，1983（昭和58）年度から2000（平成12）年度，第1次から第4次にわたる酸性雨対策調査を実施してきた。その結果は，おおむね次の通りである。

① 全国48カ所の酸性雨測定所において，年平均PH4.72～4.90［第4次調査；1998～2000年度（平成10～12年度）］と，欧米とほぼ同程度の酸性雨が継続的に観測されている（図2.2.5）。

② 日本海側で，冬季に硫酸イオン，硝酸イオンの沈着量が増加する傾向が認められ，大陸からの影響が示唆されている。

③ 2000年（平成12）8月以降，関東および中部地方の一部で三宅島雄山の噴火の影響と考えられる硫酸イオンの沈着量の増加する傾向が見られた。

④ 酸性雨との関連性が明確に示唆される土壌や湖沼の酸性化は生じていないと考えられたが，一部の森林では原因不明の樹林衰退がみられた。

　このように，日本における酸性雨による影響は明らかになっていないが，一般に酸性雨による影響は長い期間を経て現れると考えられているため，現在のような酸性雨が今後降り続ければ，将来酸性雨による影響が顕在化するおそれがある。

(5)　大気汚染防止対策（酸性雨原因物質の削減）——茨城県の場合

ア　工場・事業場のばい煙等対策

　「大気汚染防止法」と「公害防止条例」に基づき，ばい煙や有害物質などの排出規制を実施している。工場や事業場への立ち入り検査を随時行い，必要に応じて指導をしている。また，一部の事業場については発生源監視テレメータシステムによる随時監視，緊急時におけるばい煙の削減措置の確認などを行っ

ている。

　イ　自動車の排出ガス対策

　茨城県では大気汚染物質や温室効果ガス排出の少ない低公害車の普及促進のため，公用車にハイブリッド車を導入するとともに市町村に低公害車両に関する情報提供を行うなど導入のための働きかけを行っている。さらに，環境省が提唱するアイドリングストップ運動を推進している。

　ウ　大気環境の監視対策

　一般環境大気測定局38局と自動車排出ガス測定局4局において常時監視するとともにSPMや有害大気汚染物質濃度，酸性雨，フロンガスについての定期的な調査を行っている。

　エ　有害大気汚染物質対策

　ベンゼンなど有害大気汚染物質を取り扱う工場，事業場について立ち入り調査や改善措置の指導，情報提供を行い，排出規制に努めている。

　オ　大気汚染の緊急時対策

　光化学スモッグ注意報などを発令し迅速に情報を伝達するとともに，協力工場に対し，燃料使用などの要請をする。また，発令情報をインターネットを通して公開する。

　カ　大気汚染防止の啓発

　今日の大気環境問題は，社会経済システムや生活様式と密接に関わっているため，一人ひとりが大気環境に優しいライフスタイルを送ることが強く望まれている。県では，環境省が実施している星空観察など身近な自然環境を通して大気環境を理解し，親しめる事業への県民の積極的な参加を呼びかけている。

3　水質汚濁

　水質汚濁とは，河川や湖沼および海域などの水質が人為的な原因によって汚染されることで，汚濁の原因となる物質の発生源は，工場，事業場等の産業源，一般家庭から生活雑排水の生活系及び山林・農地等の自然系に大別される。これらの発生源からの汚染物質が，河川・湖沼・海域に流入し，それらが本来も

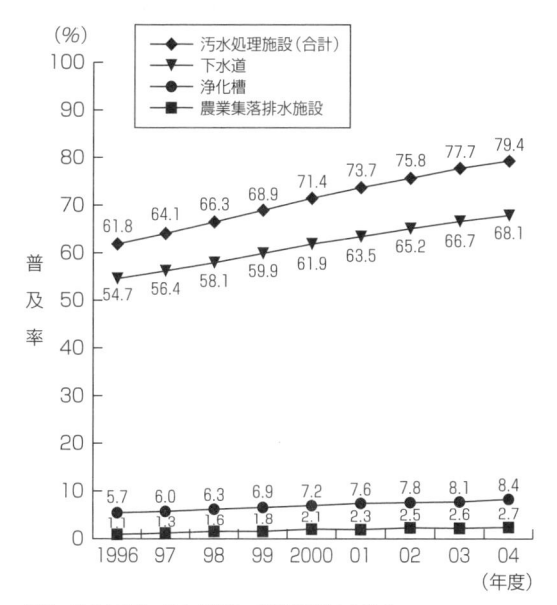

(%) ◆ 汚水処理施設(合計)
     ▼ 下水道
     ● 浄化槽
     ■ 農業集落排水施設

汚水処理施設(合計): 61.8, 64.1, 66.3, 68.9, 71.4, 73.7, 75.8, 77.7, 79.4
下水道: 54.7, 56.4, 58.1, 59.9, 61.9, 63.5, 65.2, 66.7, 68.1
浄化槽: 5.7, 6.0, 6.3, 6.9, 7.2, 7.6, 7.8, 8.1, 8.4
農業集落排水施設: 1.3, 1.6, 1.8, 2.1, 2.3, 2.5, 2.6, 2.7

年度: 1996, 97, 98, 99, 2000, 01, 02, 03, 04

出所:農林水産省,国土交通省,環境省資料より作成

図2.2.6 汚水処理人口普及率の推移

っている浄化能力を超えたときに水質汚濁が発生する。

(1) 水質汚濁の原因

わが国の水質汚濁は,工場,事業場排水に関しては,排水規制の強化等の措置が効果を現している一方,日常生活に伴って家庭から排水される生活排水については,汚水処理施設の整備がまだ十分ではない。

今日では,一般に,家庭から出される生活排水(し尿と生活雑排水)が水質汚濁源となっているといわれている。これらのなかで,特に問題になっているのが生活雑排水である。生活雑排水中の窒素やリンなどは,湖沼や海における,植物プランクトンの異状や増殖を促し,富栄養化や赤潮発生の原因となっているからである。

これらの汚濁は飲み水をかびくさくするなどの悪影響をもたらすだけでなく,浄水場での塩素の大量使用を招き発ガン性物質のトリハロメタンを生成するも

ととなりかねない。1990（平成2）年現在，日本の水道の普及率は94％で，蛇口をひねればいつでも好きなだけ水を得ることができるが，その水が私たちの生活雑排水によって，もはや安全な水ではなくなってきているといわれている。

(2) 水質汚濁に関わる環境基準

水質汚濁に関わる環境基準のうち，健康項目については，現在，カドミウム，鉛等の重金属類，トリクロロエチレンなどの有機塩素系化合物，シマジン等の農薬など26項目が設定されている。加えて，要監視項目として，2004（平成16）年3月に塩化ビニルモノマーなど5項目を追加し，現在27項目を設定し，水質測定の実施と知見の集積を行い，水質汚濁の未然防止を図ることに努めている。なお，ダイオキシン類については，その水環境中での挙動に関して引き続き知見を集積している。

生活環境項目については，BOD（水中の有機物が微生物の中で分解されるときに消費される酸素の量＝生物化学的酸素要求量），COD（水中の有機物を酸化剤で化学的に分解するときに消費される酸素の量＝化学的酸素要求量；その数値が高いほど，水が汚れていることを意味している），DO，全窒素および全リンなどの基準が定められており，利水目的から水域ごとに環境基準の累計を指定することとされている。

一部の水域で認定している暫定目標のうち，海域の全窒素および全リンに関し，国が累計指定を行う水域については，その見通しを進めている。2003（平成15）年11月には，水生生物の保全の観点から，新たに全亜鉛を環境基準生活環境項目として設定した。同時にクロロホルム等3項目を要監視項目に設定している。

(3) 水質汚濁の現状

ア 公共用水域の現状

2002（平成14）年度全国公共用水域水質測定結果によると，カドミウム等の人の健康の保護に関する環境基準（26項目の達成率は99.3％（前年度99.4％））と前年度と同様，ほとんどの地点で環境基準を達成している。

また，BODやCODの生活環境の保全に関する項目に関しては，2002（平成14）年度末までに環境基準類型が当てはめられた3300水域（河川2550，湖沼153，

表2.2.8 健康項目の環境基準達成状況（2004年度）

測定項目	調査対象地点数	環境基準値を超える地点数
カドミウム	4,587	0(0)
全シアン	4,182	0(0)
鉛	4,703	6(6)
六価クロム	4,312	0(0)
砒素	4,688	20(22)
総水銀	4,527	0(0)
アルキル水銀	1,412	0(0)
PCB	2,443	0(0)
ジクロロメタン	3,690	1(1)
四塩化炭素	3,709	0(0)
1,2-ジクロロエタン	3,685	1(1)
1,1-ジクロロエチレン	3,670	0(0)
シス-1,2-ジクロロエチレン	3,673	0(0)
1,1,1-トリクロロエタン	3,718	0(0)
1,1,2-トリクロロエタン	3,670	0(0)
トリクロロエチレン	3,835	0(0)
テトラクロロエチレン	3,837	0(0)
1,3-ジクロロプロペン	3,731	0(0)
チウラム	3,658	0(0)
シマジン	3,648	0(0)
チオベンカルブ	3,654	0(0)
ベンゼン	3,632	0(0)
セレン	3,661	0(0)
硝酸性窒素及び亜硝酸性窒素	4,274	4(4)
ふっ素	3,007	11(9)
ほう素	2,863	0(0)
合計（実地点数）	5,703 (5,708)	42(41)
環境基準達成率	99.3%(99.3%)	

注1：( )は2003年度の数値。
　2：ふっ素及びほう素の測定地点数には，海域の測定地点のほか，河川または湖沼の測定地点のうち海水の影響により環境基準を超えた地点は含まれていない。
　3：合計欄の超過地点数は実数であり，同一地点において複数項目の環境基準を超えた場合には超過地点数を1として集計した。なお2004年度は1地点において2項目が環境基準を超えている。
出所：環境省『平成16年度公共用水域水質測定結果』

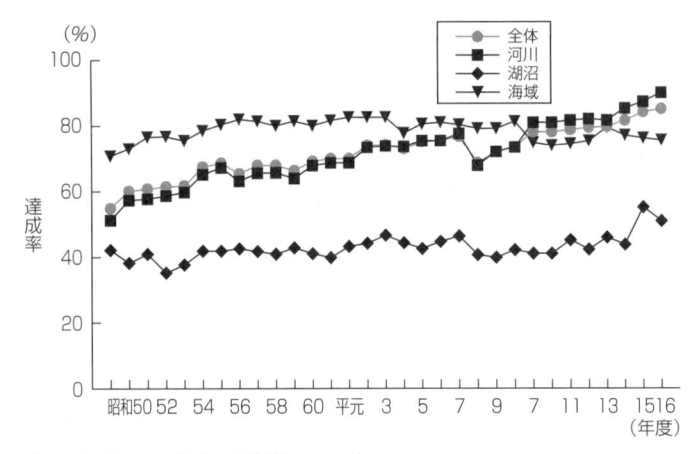

82　第2部　地球的視野に立って行動する資質能力を育てる学習

注1：河川はBOD，湖沼および海域はCODである。
　2：達成率（％）＝（達成水域数／あてはめ水域数）×100
出所：表2.2.8と同じ

図2.2.7　環境基準達成率（BODまたはCOD）の推移

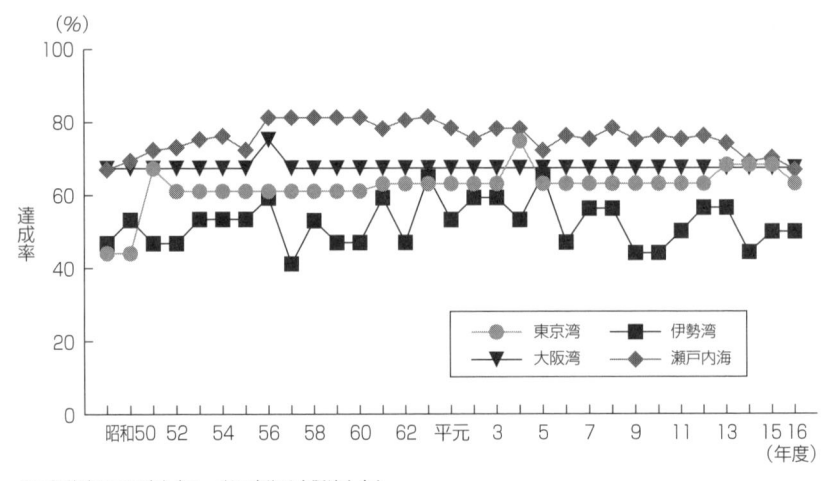

注：伊勢湾は三河湾を含み，瀬戸内海は大阪湾を含む。
出所：表2.2.8と同じ

図2.2.8　三海域の環境基準（COD）達成率の推移

表2.2.9 環境基準の達成状況（BODまたはCOD）

《河　川》

類型	あてはめ水域数		達成水域数		達成率（％）	
	平成16年度	平成15年度	平成16年度	平成15年度	平成16年度	平成15年度
AA	355	354	314	307	88.5	86.7
A	1,214	1,190	1,127	1,085	92.8	91.2
B	548	558	475	460	86.7	82.4
C	293	287	247	235	84.3	81.9
D	86	85	75	72	87.2	84.7
E	56	65	53	60	94.6	92.3
合計	2,552	2,539	2,291	2,219	89.8	87.4

《湖　沼》

類型	あてはめ水域数		達成水域数		達成率（％）	
	平成16年度	平成15年度	平成16年度	平成15年度	平成16年度	平成15年度
AA	33	33	6	7	18.2	21.2
A	119	115	78	82	65.5	71.3
B	17	17	2	2	11.8	11.8
C	－	－	－	－	－	－
合計	169	165	86	91	50.9	55.2

《海　域》

類型	あてはめ水域数		達成水域数		達成率（％）	
	平成16年度	平成15年度	平成16年度	平成15年度	平成16年度	平成15年度
A	262	262	156	157	59.5	59.9
B	211	214	172	177	81.5	82.7
C	119	121	119	121	100.0	100.0
合計	592	597	447	455	75.5	76.2

《全　体》

	あてはめ水域数		達成水域数		達成率（％）	
	平成16年度	平成15年度	平成16年度	平成15年度	平成16年度	平成15年度
合計	3,313	3,301	2,824	2,765	85.2	83.8

注1：河川はBOD，湖沼および海域はCODである。
　2：2004年度調査は，2003年度までに類型あてはめがなされた水域のうち有効な測定結果が得られた水域について取りまとめたものである。
出所：表2.2.8と同じ

表2.2.10 2004年度地下水質測定結果（概況調査）

項目	調査数(本)	超過数(本)	超過率(%)	環境基準
カドミウム	3,247	0	0	0.01mg/L 以下
全シアン	2,723	0	0	検出されないこと
鉛	3,566	14	0.4	0.01mg/L 以下
六価クロム	3,420	0	0	0.05mg/L 以下
砒素	3,666	74	2.0	0.01mg/L 以下
総水銀	3,235	5	0.2	0.0005mg/L 以下
アルキル水銀	993	0	0	検出されないこと
PCB	1,899	0	0	検出されないこと
ジクロロメタン	3,535	0	0	0.02mg/L 以下
四塩化炭素	3,661	4	0.1	0.002mg/L 以下
1,2-ジクロロエタン	3,267	0	0	0.004mg/L 以下
1,1-ジクロロエチレン	3,744	2	0.1	0.02mg/L 以下
シス-1,2-ジクロロエチレン	3,743	5	0.1	0.04mg/L 以下
1,1,1-トリクロロエタン	3,990	0	0	1mg/L 以下
1,1,2-トリクロロエタン	3,259	1	0.0	0.006mg/L 以下
トリクロロエチレン	4,234	18	0.4	0.03mg/L 以下
テトラクロロエチレン	4,248	22	0.5	0.01mg/L 以下
1,3-ジクロロプロペン	3,043	0	0	0.002mg/L 以下
チウラム	2,472	0	0	0.006mg/L 以下
シマジン	2,628	0	0	0.003mg/L 以下
チオベンカルブ	2,539	0	0	0.02mg/L 以下
ベンゼン	3,524	0	0	0.01mg/L 以下
セレン	2,698	1	0.0	0.01mg/L 以下
硝酸性窒素及び亜硝酸性窒素	4,260	235	5.5	10mg/L 以下
ふっ素	3,542	19	0.5	0.8mg/L 以下
ほう素	3,499	8	0.2	1mg/L 以下
全　体（井戸実数）	4,955	387	7.8	

出所：環境省『平成16年度地下水質測定結果』

図2.2.9 地下水の水質汚濁に係る環境基準（超過率の高い項目）の超過率の推移

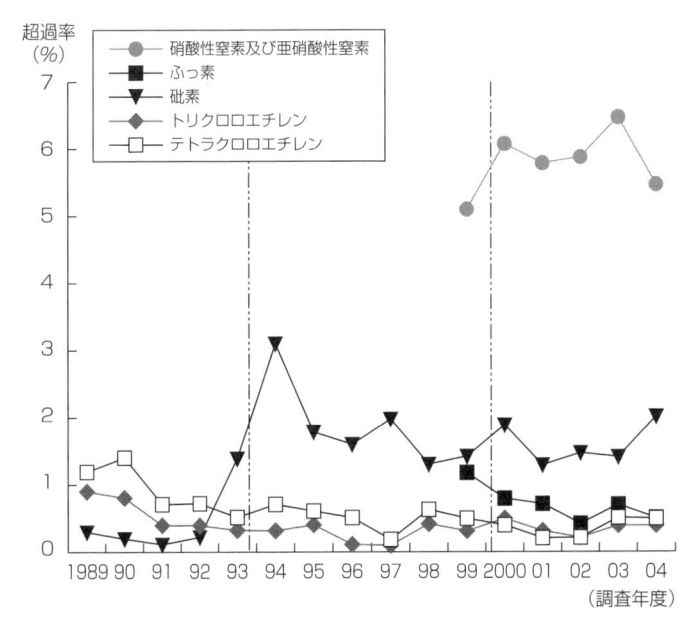

注1：概況調査における測定井戸は，年ごとに異なる。（同一の井戸で毎年測定を行っているわけではない。）
注2：地下水の水質汚濁に関わる環境基準は，平成9年に設定されたものであり，それ以前の基準は評価基準とされていた。（砒素の評価基準は，1993年に「0.05mg/L以下」から，「0.01mg/L以下」に改定された。）
注3：硝酸性窒素及び亜硝酸性窒素，ふっ素，ほう素は，1999年に環境基準に追加された。出所：表2.2.10と同じ

海域597）に有機汚濁の代表的な水質指標であるBOD（COD）の環境基準の達成率を見ると，渇水の影響等で河川の環境基準達成率が落ち込んだ1994（平成6）年度を除けば，測定開始以来，毎年わずかながら向上し，2002（平成14）年度は81.7％（過去最高）となっている。水域別では，河川85.1％（2001年度は81.5％），湖沼43.8％（同45.8％），海域76.9％（同79.3％）であり，特に湖沼，内湾，内海などの閉鎖性水域では達成率が低くなっている（2004（平成16）年度健康項目の環境基準達成状況参照）。

イ　地下水質の現状

2002（平成14）年度地下水質測定結果によると，全国的な状況の把握を目的

とした概況調査の結果では調査対象井戸（5269本）の6.7％（351本）において環境基準を超過する項目が見られた。

1999（平成11）年2月に環境基準項目に追加された硝酸性窒素および亜硝酸性窒素については，5.9％の井戸で環境基準を超えていた。公共用水域および地下水における硝酸性窒素・亜硝酸性窒素の汚染源として，農用地への施肥，家畜排泄物，工場からの排水，一般家庭からの生活排水があげられており，その対象が，緊急の課題となっている。

　ウ　水質汚濁による被害状況

水道水源（約7割は河川等の表流水，約3割は地下水）の汚染事故により受けた水道事業体数は92。近年，貯水池などの富栄養化による藻類などの異常な増殖により，異臭味の発生等が生じている。2002（平成14）年度には，68の水道事業などにおいて異臭味による影響が生じた。被害人口の合計は約367万人といわれている。

2002（平成14）年度に発生した水質汚濁等による突発的漁業被害は（都道府県の被害をまとめたものによると）発生件数が114件，被害金額は9億5050万円となっている。このうち，海面の油濁による被害は29件（8億579万円）である。なお，水銀などによる魚介類の汚染に関しては，汚染が確認された水銀に係る2水域において引き続き漁獲の自主規制または食事指導などが行われている（2003年末）。

地方公共団体が実施した，2003（平成15）年度の海水浴場などの水質調査によると，調査対象とした809海水浴場すべてが，最低限満たすべき水質を維持している。このうち，水質良好な海水浴場は677（全国の84％）である。また，1996（平成8）年における病原性大腸菌O-157による食中毒問題を踏まえ，2003年度（平成15）も各地方公共団体が海水浴場を対象とした調査の結果，測定が行われた787海水浴場の全てで検出されなかった。

(4)　**水環境の安全性の確保**

　ア　生活排水対策の推進

公共用水域の汚濁の大きな要因の一つである生活排水（し尿ならびに生活雑排水等）については，地域の実情に応じ，下水道，浄化槽，農業集落排水施設，

コミュニティープラント（地域し尿処理施設）など各種生活雑廃水処理施設の整備が県，市町村によって推進されている。

　イ　生活排水浄化対策の例（茨城県霞ヶ浦問題協議会による）

　① 下水道の整備　湖沼，河川の水質浄化を図るとともに，トイレを水洗化するなどの快適な生活環境を整備するために，県や市町村では，下水道の整備を進めている。

　霞ヶ浦流域においては「霞ヶ浦常南」「霞ヶ浦湖北」「霞ヶ浦水郷」「小貝川東部」の4カ所の流域下水道について整備を進めているうち，市町村においては地域の特性に応じて流域関連公共下水道または特定環境関連公共下水道，単独公共下水道，または特定環境保全公共下水道の整備を進めている。

　2002（平成14）年度末現在の下水道の整備状況は，霞ヶ浦流域内で48万2000人，普及率で約50％となっている。また，霞ヶ浦に処理場を放流している下水道の終末処理場においては窒素，リンの高度処理を行っている。さらに，より安定的かつ効率的に処理するための調査研究と開発試験を行っている。

　② 農業集落排水施設の整備　農村集落の家庭などから排出される生活排水を処理し，農業用水の水質汚濁や農業用排水施設の機能障害を防止し，あわせて快適な農村集落環境の整備と湖沼や河川の水質汚濁の防止を目的として，農業集落排水施設の整備を進めている。

　2002（平成14）年度末の整備状況としては，共用人口5.8万人の整備が完了し，稼働している。

　③ し尿処理施設の整備　トイレが水洗化されていない家庭のし尿を処理するため，市町村単独，または，複数の市町村による一部事務組合方式で，窒素・リンの高度処理能力を備えた，し尿処理施設の整備を進めている。

　④ 高度処理浄化槽の普及促進　下水道や農業集落排水施設の未整備区域では，トイレを水洗化するためには，浄化槽を設置する。一般に，浄化槽はし尿と生活雑排水を併せて処理し，有機物の汚れを効率よく除去するが，霞ヶ浦の富栄養化の原因である窒素やリンの除去能力が劣るため，浄化槽を設置する場合は，窒素とリンが除去できる高度処理型浄化槽への補助制度を創設している。

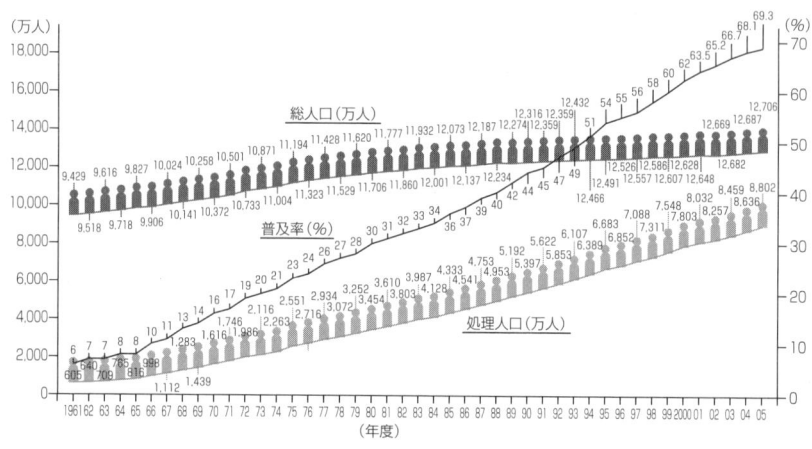

88　第2部　地球的視野に立って行動する資質能力を育てる学習

出所：(社)日本下水道協会「下水道普及率と実施状況」2006

図2.2.10　下水道普及率の推移（全国）

浄化槽で住みよい町を!!

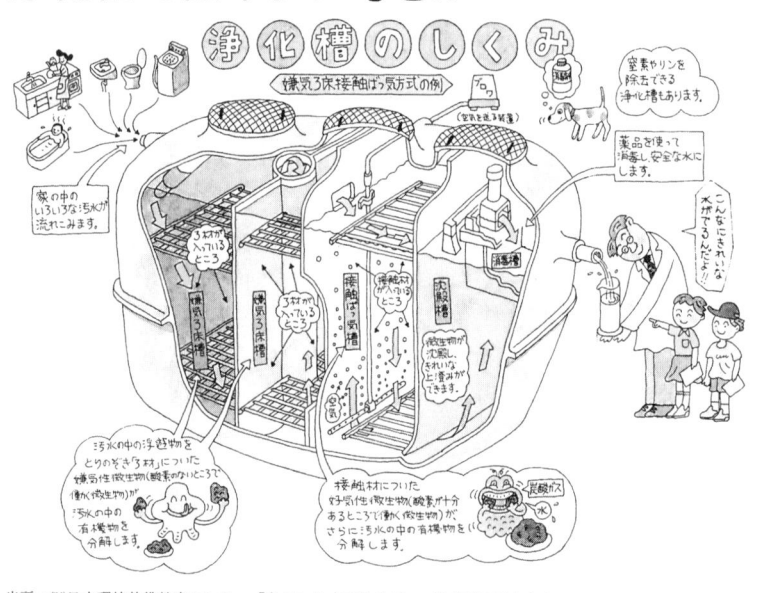

出所：(財)日本環境整備教育センター「きれいな水のために——浄化槽のはなし」

図2.2.11

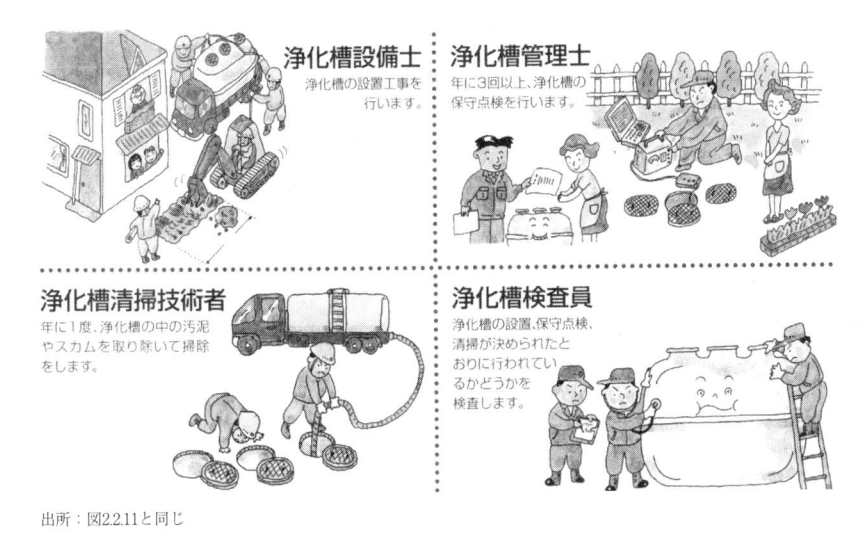

図2.2.12

 また，性能の良い浄化槽を使っていても，維持管理を怠るとその性能を十分に発揮できない。浄化槽の性能を維持するために，定期的に保守点検や清掃を行い，法律で定められた検査を実施することが必要である。このようなことから，市町村が，設置から適正な維持管理までを行い，あわせて個人負担が軽減される「市町村設置型」の浄化槽も設置されている。
 ⑤生活雑排水対策　生活雑排水は，下水道などで処理されない場合は，未処理のまま水路などに流れ，河川や湖沼の水質汚濁の大きな要因となる。このため，これらの地域でトイレを水洗化する場合には，し尿と生活雑排水が併せて処理でき，かつ窒素やリンを除去できる能力をもつ高度処理型の合併処理浄化槽を設置することが水質浄化にとって大変重要である。また，調理くずや食用廃油を流さないことなど，水環境に優しい生活を工夫して実践することも大切である。
(柏　頼英)

出所：環境省『平成18年版　環境白書』
図2.2.13　湖沼水質保全特別措置法に基づく10指定湖沼位置図

湖沼名	計画時期（年度）																								
	1985	1986	1987	1988	1989	1990	1991	1992	1993	1994	1995	1996	1997	1998	1999	2000	2001	2002	2003	2004	2005	2006	2007	2008
霞ヶ浦 印旗沼 手賀沼 琵琶湖 児島湖	← 第1期 →			← 第2期 →				← 第3期 →				← 第4期 →												
釜房ダム貯水地 諏訪湖			← 第1期 →				← 第2期 →				← 第3期 →				← 第4期 →									
中海 宍道湖					← 第1期 →				← 第2期 →				← 第3期 →				← 第4期 →							
野尻湖										← 第1期 →				← 第2期 →				← 第3期 →						

出所：環境省『平成18年版　環境白書』
図2.2.14　湖沼水質保全計画策定状況一覧（2006年3月現在）

4 砂漠化の進展

(1) 砂漠と砂漠化

砂漠とは，地球上で降水量が非常に少なく乾燥し，植物などがほとんど見られず，砂，小石，砂礫などの不毛な土地をいう。主に内陸の亜熱帯高圧帯のゴビ，サハラ等の内陸砂漠のほか，沿岸部を寒流が流れる地域にあるアタカマ，カラハリなどの沿岸などにある。地球の3分の1以上が砂漠か半乾燥地帯で，そこには約6億人が居住している。

気候の変動や人為的な要因で，土地が痩せ，植物が育たず，荒廃が進み，最期には砂漠のようになることを砂漠化（desertification）という。1977年ナイロビで開催された国連砂漠化会議（UNCOD）のアジェンダ21で，「砂漠化とは，乾燥地域，半乾燥地域，乾燥半湿潤地域における気候上の変動や，人間活動を含む様々な要素に起因する土地の荒廃現象を指す言葉である」と定義され，以後この意味での用法が一般化してきている。

(2) 砂漠化の進行

世界の砂漠化は年々進行し，国連環境計画（UNEP）のまとめによると，現在世界の砂漠化の面積は，毎年約6万km²（九州と四国を合わせたほど）が砂漠化しているといわれている。世界の砂漠化の特に進行している地域は，アフリカ

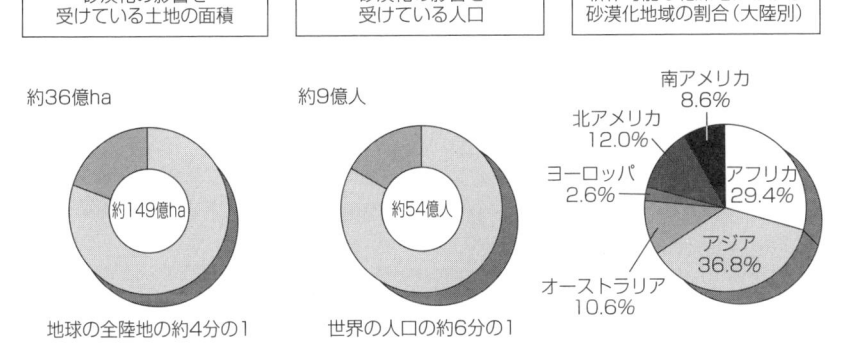

砂漠化の影響を受けている土地の面積	砂漠化の影響を受けている人口	耕作可能な乾燥地における砂漠化地域の割合（大陸別）
約36億ha 約149億ha 地球の全陸地の約4分の1	約9億人 約54億人 世界の人口の約6分の1	南アメリカ 8.6% 北アメリカ 12.0% ヨーロッパ 2.6% アフリカ 29.4% アジア 36.8% オーストラリア 10.6%

出所：UNEP, *Desertification Control Bulletin*, 1991.

図2.2.15 砂漠化の現状

図2.2.16 アフリカにおける土壌劣化の主要因

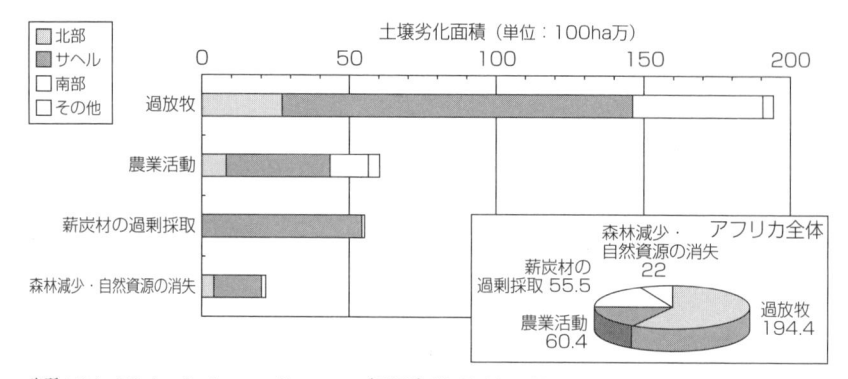

出所：United Nations Environment Programme〔UNEP〕, World Atlas of Desertification 2nd Edition, 1997.

の北部から西部と中近東の地域，ロシア南部と中国の内陸部である。

(3) 砂漠化の原因

砂漠化の原因には，地球的な規模での大気循環の変動や地球温暖化等による気候的要因と人為的要因により，土地が痩せて植物が育たなくなり，最期には砂漠のようになってしまうことが考えられる。人為的要因の具体例として，乾燥地や半乾燥地という厳しい自然条件のなかで，草原の再生能力を超えた家畜の放牧や休耕期間の短縮による地力の低下，豊かな森林地域でも，薪炭などの過剰採取や焼畑，木材の過剰な伐採等で，自然の復元力を超え，砂漠化してしまうことになる。

また，草原の草が家畜によって食い尽くされ，焼畑によって森林が伐採され，根までなくなると，せっかく降水があっても保水できずに流出してしまう。したがって地表の養分もなくなり，水蒸気の蒸発もなくなる。雨が降らなくなると地表が乾燥し，土が崩れ，荒廃地になっていくのである。

(4) 砂漠化の影響

砂漠化が進行すると，土地の生産力が低下し，食料不足などの生活条件の悪化をもたらす。晴天が続き，降雨量が極端に少なく，植物の生育に適さない期間が長く続くと，食料が不足し，深刻になると飢餓や民族間の対立・抗争とい

う社会的混乱を引き起こす原因になる。

　1983年から84年にかけて，アフリカでは干ばつに襲われ，飢餓や難民の発生という社会的混乱が引き起こされた。中国では，1994年から99年にかけて，約5.2万km²が砂漠化し，年間1万km²が砂漠化しているとのことである（国家林業局の報告）。首都北京では，黄砂の被害が年々拡大し，砂塵暴もしくは沙塵暴と呼ばれる視界が1km以下で秒速17m以上の砂あらしが度々起きているとのことである。この黄砂は日本にも飛来し，国立環境研究所の調査では，それには二酸化硫黄や窒素酸化物の有害な物質が吸着しているとのことである。

(5) 砂漠化防止の対策

　1977年には，砂漠化防止のための国際会議「国連砂漠化防止会議」が開催され，「砂漠化防止行動計画」（PACD）が採択され，各国や国際機関がとるべき行動についての勧告がなされ，「砂漠化防止計画活動センター」が設置された。

　しかし，砂漠化はその後も進行し，特にアフリカでは，前述のように飢餓や難民の発生という社会的混乱が続いた。そのためにアフリカ諸国から国際的な砂漠化防止のための条約の制定要求が出され，1994年6月に「砂漠化対処条約」が採択され，1996年12月に，この条約が発効された。この条約によって，先進国・開発途上国の別なく取り組みの枠組みが築かれた意義は大きい。

　わが国では，政府開発援助（ODA）による調査，技術面の協力や資金の貸し付け等の形で支援を行っている。さらに，研究機関や民間団体のNGO砂漠化防止の活動への資金や技術の援助などの取り組みが行われている。

　私たちが進められる砂漠化防止の例として，海岸部にマングローブを植える植林ボランティアツアーに参加したり，NGOにお金を寄付し，乾燥地の砂漠緑化を進めるための活動を援助したり，家庭や学校に果樹園をつくり，果樹園の収入で現地の子どもを学校に行かせたり，ナショナルトラスト（National Trust）運動に協力して，砂漠化した土地を部分的に購入して緑化していくなどがあげられる。

（伊東　健）

5 自然環境と生物多様性

　今から46億年ほども前に地球が誕生したといわれる。その地球上にはもともと一つの細胞から端を発した生物が進化の歴史のなかでさまざまな変化のある環境に適応し，数えきれないほどの姿や形，生活様式をもつ生物種が存在したのである。この多種多様な生物種が地球上において相互関係を保ちながら環境がつくられているのである。

　このような生物の世界にみられる多様な在り方，すなわち生物間にみられる変異性を総合的に示す概念を「生物多様性（Biodiversity）」，「生物学的多様性」といい，一般的に，遺伝子の多様性，種の多様性，生態系の多様性の3つの階層，レヴェルで把握され保全が必要とされている。

　種は生物を分類する最も基本的な単位であり，その種すべてが生態系を支える重要な役割を担っている。それぞれの地域において多くの種類の生物がそれぞれの場所に応じて生存している。このような多くの種が存在していることが「種の多様性」であり，環境の変化や生物間における生存競争の過程に起因するものである。

　さらにその種は，実際において種個体群として存在するが，その種個体群中には遺伝性の特徴に多様性がみられるのである。このことを「遺伝子の多様性」と呼んでおり，同種内に多様性をもつことで，種は環境変化に対応できる能力を備えているのである。

　また，地球上に存在する生物は，相互に関係し合いながら生息する。例えば高山，熱帯林，砂漠などさまざまな環境に応じて一つの系，すなわち生態系が形づくられ，それぞれの生態系にはその地域の環境条件に適した生物種から構成されるのである。このことが「生態系の多様性」である。

(1) 生物多様性の保全

　われわれ人類も地球生態系の一員として，他の生物と共存する存在である。生物が多様であることは生息環境の多様さを示すことであり，人類にとっても住みやすい環境となる。さらに人類は生物を食料，医療，科学等に幅広く利用するほか，動植物の栽培・飼育等により精神的なやすらぎを得ている。現在地

球上の「生物多様性」は急激に低下しており，地球環境問題の一つとなっている。

地球上には科学的に明らかにされた野生生物は約175万種で，未確認の種は推計で300〜1000万種，あるいはそれ以上といわれている。野生生物が絶滅する要因として，生息環境の破壊や悪化，乱獲，侵入種の影響，餌不足等があげられる。またこれらの要因は人間の活動によるものが多い。焼畑による森林消失，過度の農用地造成，過剰な薪炭材伐採，過放牧による草地の減少等である。

人類の共有財産である生物多様性を維持し，地球規模で進行する急激な野生生物の絶滅や減少に対応するため国際的な取り組みが求められる。国連の機関である国連環境計画（UNEP）では，本部のあるケニアのナイロビにおいて「生物の多様性に関する条約」(Convention on Biological Diversity：CBD) をまとめ，1992年6月，リオデジャネイロで開催された国連環境開発会議（地球サミットUNCED）において承認された。2006年4月現在，わが国を含む187の国と EC が条約を締結している。

わが国においても環境省自然環境局を核として，自然と人間との共生の確保に向けた取り組みのなかで，「自然と人間との共生」と「生物多様性の保全」をキーワードとして国内の原生的な自然から身近な自然まで，それぞれの地域に応じたさまざまな展開がなされている。2001（平成13）年1月環境省が発足し，2002（平成14）年3月に「新・生物多様性国家戦略」が地球環境保全に関する関係閣僚会議によって決定され「保全の強化」，「自然再生」，「持続可能な利用」の3つの方向が示された。さらに各種対策として，①固有の生態系保全，②絶滅防止対策，③自然再生，④里地里山保全，⑤外来生物対策，⑥データ整備，⑦環境教育，学習，⑧NPO市民の参加があげられ，生物多様性の保全と持続可能な利用の重要性が強調されている。

具体的には，わが国の生物多様性の現状を3つの危機として把握している。その第1の危機は人間活動による自然の破壊，第2の危機として里山などへの人間の働きかけの減少，第3の危機として外来種や化学物質の影響をあげ，施策を講じている。2005（平成17）年までに講じた施策については，保護地域（国

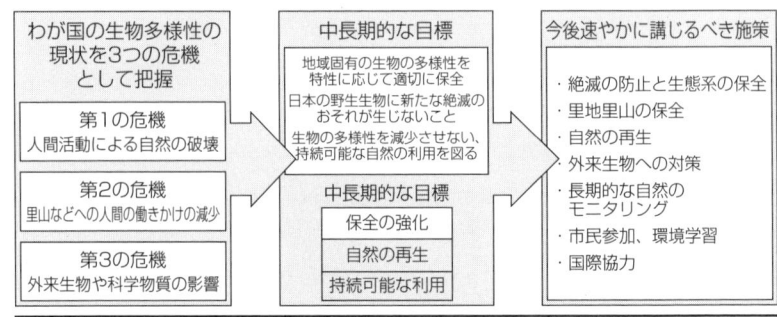

図2.2.17 新・生物多様性国家戦略の概要

わが国の生物多様性の現状を3つの危機として把握
- 第1の危機 人間活動による自然の破壊
- 第2の危機 里山などへの人間の働きかけの減少
- 第3の危機 外来生物や科学物質の影響

中長期的な目標
- 地域固有の生物の多様性を特性に応じて適切に保全
- 日本の野生生物に新たな絶滅のおそれが生じないこと
- 生物の多様性を減少させない、持続可能な自然の利用を図る

中長期的な目標
- 保全の強化
- 自然の再生
- 持続可能な利用

今後速やかに講じるべき施策
- 絶滅の防止と生態系の保全
- 里地里山の保全
- 自然の再生
- 外来生物への対策
- 長期的な自然のモニタリング
- 市民参加、環境学習
- 国際協力

毎年実施状況を点検し、点検結果について、国民と中央環境新議会の意見を聴取

出所：環境省『平成18年版 環境白書』

図2.2.17 新・生物多様性国家戦略の概要

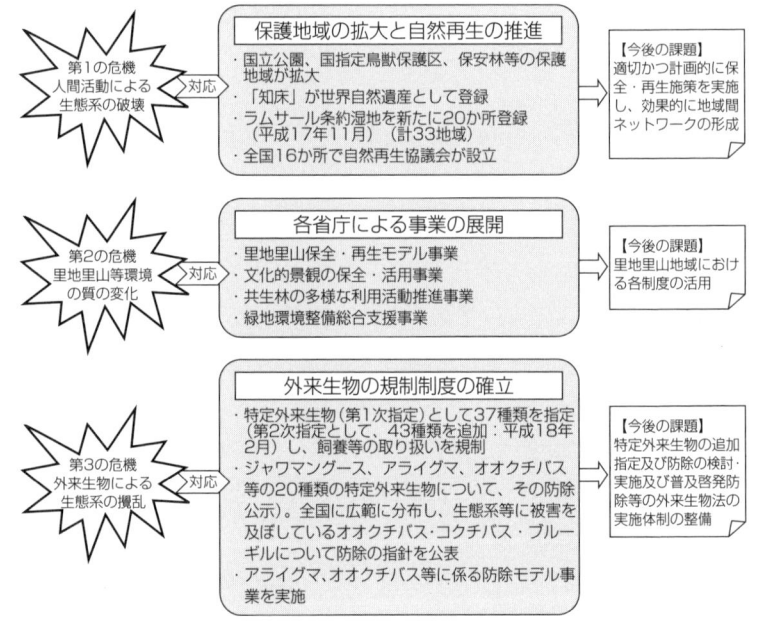

第1の危機 人間活動による生態系の破壊 → 対応
保護地域の拡大と自然再生の推進
- 国立公園、国指定鳥獣保護区、保安林等の保護地域が拡大
- 「知床」が世界自然遺産として登録
- ラムサール条約湿地を新たに20か所登録（平成17年11月）（計33地域）
- 全国16か所で自然再生協議会が設立

【今後の課題】適切かつ計画的に保全・再生施策を実施し、効果的に地域間ネットワークの形成

第2の危機 里地里山等環境の質の変化 → 対応
各省庁による事業の展開
- 里地里山保全・再生モデル事業
- 文化的景観の保全・活用事業
- 共生林の多様な利用活動推進事業
- 緑地環境整備総合支援事業

【今後の課題】里地里山地域における各制度の活用

第3の危機 外来生物による生態系の攪乱 → 対応
外来生物の規制制度の確立
- 特定外来生物（第1次指定）として37種類を指定（第2次指定として、43種類を追加：平成18年2月）し、飼養等の取り扱いを規制
- ジャワマングース、アライグマ、オオクチバス等の20種類の特定外来生物について、その防除公示。全国に広範に分布し、生態系等に被害を及ぼしているオオクチバス・コクチバス・ブルーギルについて防除の指針を公表
- アライグマ、オオクチバス等に係る防除モデル事業を実施

【今後の課題】特定外来生物の追加指定及び防除の検討・実施及び普及啓発防除等の外来生物法の実施体制の整備

出所：環境省『平成18年版 環境白書』

図2.2.18 生物多様性の危機への主な新たな対応状況（第3回点検：2005年9月決定）

立公園など)の拡張をはじめ，里地里山保全・再生モデル事業調査，文化財保護法の一部改正，エコツーリズムの推進，環境教育法の制定などをあげることができよう。

（森山賢一）

6　ごみ問題

(1)　ごみ問題の現状

1965（昭和40）年頃から，日本の経済活動が活発になり，高度経済成長社会になった。各家庭にはカラーテレビや自動車，エアコンなども普及してきた。大量の資源やエネルギーを使用し，大量に生産・消費し，使い捨ての風潮も加わり，大量のごみを排出するようになってきた。

近年，わが国のごみの排出量は，1人1日当たり平均1.1kgで，国全体の1年間の量は東京ドーム136杯分になり，さらに増加する傾向にある。ごみの処理コストも年間1人当たり約2万円（1995年の廃棄物事業処理費は総額約2.7兆円）

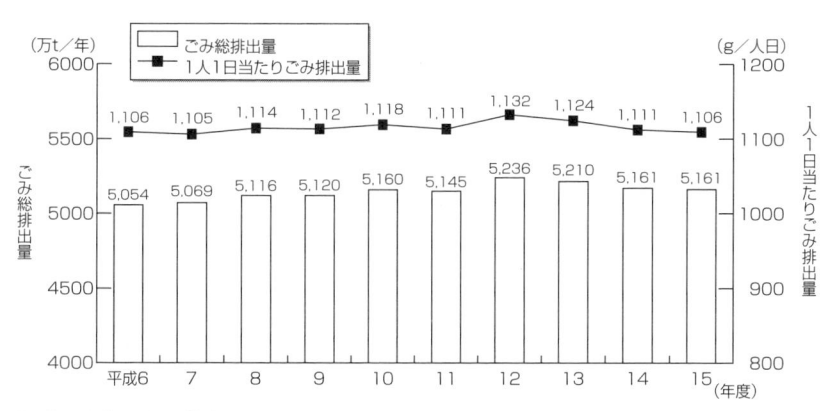

注：「ごみ総排出量」＝「収集ごみ量＋直接搬入ごみ量＋自家処理量」である。
　　廃棄物処理法に基づく「廃棄物の減量その他その適正な処理に関する施策の総合的かつ計画的な推進を図るための基本的な方針」における一般廃棄物の排出量は，「ごみ搬出量」から「自家処理量」を差し引き，資源ごみの「集団回収量」を加算したものと定義しており，この定義による2003年度の排出量は，5,427万トンである。
出所：環境省『日本の廃棄物処理』2003年

図2.2.19　ごみ総排出量と1人1日当たりのごみ排出量の推移

に達し，ごみ埋立地のスペースも年々減少し，このままだとあと数年後に限界になり，ごみを捨てる場所がなくなると懸念されている。

ごみ焼却場の施設や埋立処分地の確保が困難になると，ごみの不法投棄や越境埋立の問題が起きている。さらに，プラスチックやビニール等を燃やして処理する過程で，人体に有害なダイオキシン等の発生が報告され，環境汚染への緊急な対応が急がれている。ごみ問題は，わが国のみならず地球規模で考えなければならない重要な環境問題になっている。

「廃棄物の処理及び清掃に関する法律」によると，ごみの種類は，家庭から排出されるごみやし尿などの一般廃棄物と事業活動によって生じた産業廃棄物に分けられる。近年，産業廃棄物の量が増加し，一般ごみの約8倍になっている。

(2) ごみ問題の対策

ごみ問題の対策には，大量生産－大量消費－大量ごみの廃棄という社会構造を変化させることと，市民一人ひとりのライフスタイルを見直すことが重要である。また，企業では製品の企画，設計，製造の各段階で省資源を心がけ，製品使用後の再生や再利用を積極的に行い，さらに，流通や販売等でも過剰な包装を無くすように努めたい。

市民一人ひとりも，有限の資源を有効に利用し，ごみ量を減らし，環境にやさしい暮らしをするためにも，次の4Rを実践していく必要がある。

　　○リデュース，Reduce ……… むだな資源を使わない（減量）
　　○リユース，Reuse ………… 直して使う（再利用）
　　○リサイクル，Recycle ……… 資源を再利用する（リサイクル）
　　○リカバー，Recover ……… 使用済みのものを回収する（回収）

(3) ダイオキシン（dioxin）問題

非常に毒性が強く，しかも分解されにくい環境汚染化学物質。元来自然界にない物質で，農薬などの化学製品の開発の過程で発生するようになった。

ダイオキシンは，化学工場で発生するだけでなく，家庭から搬出された生ごみ等を環境センターや清掃工場で焼却処分する場合，300-400℃位で焼却した

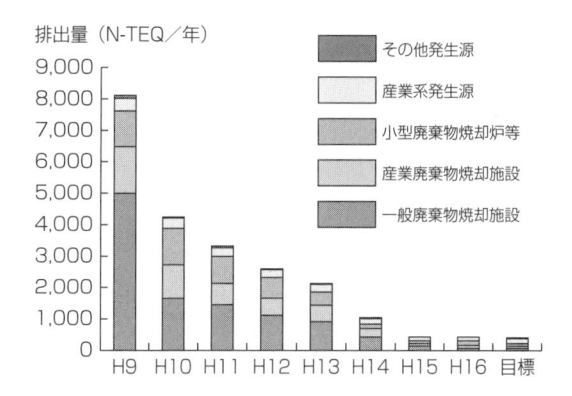

図2.2.20 ダイオキシン類の排出総量の推移

	H10	H11	H12	H13	H14	H15	H16
基準年	49.1～51.9	60.6～62.6	68.8～68.9	75.2～75.3	87.7～88.1	95.1～95.2	95.5～95.6

対平成9年削減割合（％）

出所：環境省『平成18年版　環境白書』

ときダイオキシンが発生することが判明している。ダイオキシンの対策は，家庭や職場でごみを焼却するのでなく，ダイオキシンを発生させないで，高温で焼却する高度な設備や処理能力のある環境センターや清掃工場で処理をする必要がある。また，有害な物質が発生していないかどうかを定期的に検査し，注意していく必要がある。

3 自然環境の保全と利用

1 自然環境の保全と必要性

環境の保全（conservation）とは，環境を守るというだけでなくて，人間が環境を利用しながら資源を節約し，将来にわたって持続可能な利用（開発）を目指すことを意味している。つまり，人間が自然を無秩序に開発するのでなく，われわれが管理し，バランスのとれた開発や利用を行うことをいう。

現在，われわれを取り巻く環境問題には，大気汚染，地球温暖化や都市生活

型公害等に至るまで多数あり，年々環境の悪化，環境汚染が進行し，深刻さを増している。その理由として，人口の増加と経済の発展がある。20世紀の間に，世界の人口が約4倍に増加し，世界のGNPが20世紀の後半だけで約5倍に増加している。エネルギーの消費は約8倍に達している。エネルギー源の大半は，石油などの化石燃料の大量消費によるもので，大気汚染や地球温暖化の原因になっている。熱帯雨林減少の原因には，過度の森林伐採と農地拡大のための開拓等による。自動車の増加には，排出する二酸化炭素等での温室効果によって，地球の温暖化をもたらし，放出されたフロンガスによってわれわれを保護しているオゾン層の破壊をもたらしている。熱帯雨林の減少や地球温暖化は，大気のバランスを崩し，地球規模の大気環境の変動をもたらし，各地に異常気象や洪水，竜巻等を発生させ，被害を与えている。

経済活動が拡大し，大量消費による資源の枯渇は，われわれの生活水準の維持を困難にし，さらに，次世代の生存を犠牲にすることになる。限りある地球の資源を有効に活用し，浪費を避け，持続可能な社会経済システムに変えていかなければならない。

2　自然環境保全の取り組み

われわれを取り巻く環境問題は，われわれの日常生活に関係したり，発生の原因になっているものが多く，その解決には誰もが環境問題に関心をもち，環境にやさしい生活を心がけ，さらに，みんなが協力して環境問題を解決するための行動をすることが必要である。

近年，わが国では，各地の住民や自治体，企業間で自主的に環境問題への理解を深め，環境保全の取り組みや啓発活動を積極的に推進しているところが多い。環境保全の取り組みには，次の4つがある。

　ア　個人や家庭で取り組むもの
　イ　地域社会で取り組むもの
　ウ　職場や企業で取り組むもの
　エ　行政で取り組むもの

(1) **個人や家庭で環境保全に取り組む例**

日常生活での4Rの実行がある。身近な例として，不要な物は極力買わない。ごみを減らしたり，分別収集に協力する。使えるものは有効に活用する。節電，節水を心がける等。

(2) **地域社会で環境保全に取り組む例**

ごみの分別収集や資源回収（リサイクル）への地域ぐるみの推進。不法ごみ投棄の監視等。

(3) **職場や企業で環境保全に取り組んでいる例**

〇 アルミ缶リサイクル協会

わが国では，国内で使用するアルミ地金の99％は外国から輸入している。2003年度にわが国で排出されたアルミ缶の量は29.7万トン，リサイクル量は24.3万トンで，同年度のアルミのリサイクル率は81.8％の高率であった。アルミニウムは原料のボーキサイトからアルミナを抽出し，これを電気分解する際多量の電気を消費する。空き缶等の使用済みのアルミニウムを使用し，新地金を製造するときは，僅か3％の電気量で何度でも再生できるので，アルミ缶リサイクルは，省エネに大きく貢献している。

アルミ缶リサイクル協会では，2003年度にアルミ缶回収を通して環境学習の支援と奨励のため，アルミ缶回収優秀校の表彰も行っている。

(4) **行政で環境保全に取り組んでいる例**

〇 茨城県の自然環境保全の取り組み

茨城県では，1974（昭和49）年に「茨城県自然環境保全基本方針」を定め，茨城県の自然を守るのは県民の責務であるとしている。具体的活動として，自然環境アセスメントの実施，県民の自然保護思想の普及，自然環境の科学的調査，保全地域の指定，緑化活動の促進，自然保護読本の作成と活用，「県民の森」や「自然博物館」等の自然に親しむ施設の整備を行っている。

〇 横浜市の例

横浜市では，「環境にやさしいまちづくり課」を設置し，環境保全活動が積極的に推進できるように，普及活動や活動支援のためのさまざまな事業を実施

している。具体的な例を見ると,「環境教育方針及び基本計画」を策定し,環境に配慮したまちづくり事業への経費の負担,温暖化対策には,冷暖房の適正温度の設定,不要な時間や場所の節電,太陽光発電システム設置費補助事業,大型風力発電機の設置,学校ビオトープの整備,環境保全活動情報誌「よこはま環境伝言板」の配布,小・中学生対象の「環境教育副読本」の配布と活用,こどもエコクラブの団体登録と活動の支援等の多彩な活動を展開している。

(伊東　健)

第3章　異文化理解

1 わが国の現状と異文化理解

　社会や時代が大きく変化している。科学技術の高度化や情報化，国際化の進展が著しい。「宇宙船地球号」とか「地球市民」という表現がよく使われる。グローバリゼーション（globalization）やボーダーレス（borderless）化が進んで国家の存在は無くなるようなイメージを抱かせることもあるが，現実は国家を基準として動いている。グローバリゼーションに反して地域主義（regionalism）を強く打ち出す国もある。グローバル・イッシュウ（global issue）と呼ばれる地球規模で対応を迫られる課題がある。大気汚染や地球の温暖化，砂漠化の進展等の環境問題や食料危機，エネルギー危機などの問題である。

　わが国には当面差し迫った危機はないものの，鉱工業の原材料やエネルギー資源のほとんど，食料の6割あまりを輸入に頼っている現状は安定感に欠けている。経済大国といわれるほどの経済力を備えた結果，貿易の不均衡を生じている国やEUのような地域連合とは経済摩擦（economic friction）を起こすことがある。政府開発援助（ODA）は多額の予算を計上しているが，わが国が国際社会において名誉ある地位を占めるまでにはいたっていない。わが国を含めて世界のあらゆる国が単独で存続するのは困難な時代である。関わり方の多少はあるにしてもそれぞれの国は相互依存（interdependence）の関係で結ばれている。

　航空機の大型化と高速化による輸送手段の発達により，物資の移動ばかりでなく人の交流が盛んになっている。わが国からは経済活動や観光目的などで多くの人々が海外に出て行く。また，海外からはわが国の経済力を目当てに多くの外国人が入り込む。教育の場においても帰国子女や外国人の教育をめぐり人権問題を含めてトラブルが発生している。国や地域が異なれば，言葉の違いをはじめ生活習慣や考え方も価値観も変わる。わが国の考え方や価値観と異なる

からといって間違いであると決めつけたり，無理に同化させることはできない。

　国籍や生活暦の異なる多様な児童・生徒の教育に直接関わる教師には多様な価値観を受け入れる包容力を身につけていることが望まれる。自国の文化を正しく児童・生徒に伝えていくのは当然であるが，自国だけに注目していると文化の存在や意義について気がまわらないこともある。自国の文化を客観的に正しく理解し，わが国以外の文化や人々の暮らしについて理解を図るために異なる文化の存在，すなわち異文化について理解を深めることが大切である。

　わが国が単独で国家の存続が不可能である以上，次の世代を担う児童・生徒には国際社会で必要となる資質能力を身につけることが望まれる。教養審の一次答申に例示されていた，考え方や立場の相違を受容し多様な価値観を尊重する態度，国際社会に貢献する態度，自国や地域の歴史・文化を理解し尊重する態度等は，教職を目指す人間だけが身につけるのではなく，すべての人々に望まれる資質である。

2 異質な存在を認める異文化理解

　世界に200あまりの国家が存在し，多様な文化が存在する。日本の常識で判断するとおかしいと思える事例もある。異文化に出会ったとき，「間違いではない。正しいのでもない。違うのだ (It's not wrong. It's not right. But it's different.)。」という異質な存在を認め，ありのままに受け入れる姿勢が大切である。以下に異文化の事例について具体例を紹介する。

1　イギリスという国
(1) スカートをはいた兵士
　図2.3.1は，イギリス，スコットラ

図2.3.1　エジンバラ城の衛兵

ンドの中心都市エジンバラにあるエジンバラ城の衛兵の写真である。ひげをはやした兵士が白のハイソックスをはき，スカートをはいて銃を持って立っている。この写真を見た日本人の学生は，「何でこんな変な格好をするのか，気持ち悪い」とか，「日本でこのような格好をしていたら変態と思われる」と感想を述べている。スカートは女性が身に着けるものという日本的な常識にしたがえば当然の反応である。兵士が身に着けているのはキルト（kilt）と呼ばれるひだをとった巻きスカートで，格子縞（タータンチェック）の生地を用いる。タータン（tartan）のキルトは，スコットランド北部高地（ハイランド）に住むケルト人男性の民族衣装で，スコットランドの軍服や警察官の正装として着用されるほか，祭りや行事の際にも男性の服装として着用される。

　ハイランドにはクラン（clan）と呼ばれる氏族の集団がある。クランは土地を共有していたり血縁関係や主従関係で結ばれる一族である。各クランには特有のタータンがあり，家紋に相当する役割を担っていた。クランの男性は一族の証としてタータンのキルトを身に着けていた。タータンの起源は古く，ローマ帝国の時代にまでさかのぼる。ケルト人たちは色が異なる羊毛を使ったり染めたりして縞柄の毛織物を織っていた。ハイランド地方にクランの結びつきができる過程で，それぞれのクランを表すタータンが生まれていった。

　スコットランドはイングランドに統合されるまで独立王国として存在し，イングランドとの間で戦いを繰り返した。18世紀半ばのイングランドとの戦いに敗れ，一時はタータンの着用をはじめスコットランドの伝統楽器であるバグパイプの演奏など独自の文化的行為は一切認められなかった。その後タータンの着用が認められるようになってからは男性ばかりでなく，女性や子どもの服装にも取り入れられるようになった。

　タータンの着用が禁止されている間に伝統的な柄で失われたものもあるが，復活してからデザインされた模様も含めてエジンバラの紋章院には約400種類が正式登録されている。そのなかには，エリザベス女王在位50周年を記念するゴールデン・ホーリールードとかダイアナ元妃に献上されたダイアナ・プリンセス・オブ・ウエールズ・メモリアル・タータン，同時多発テロで被害を受け

たアメリカ・ニューヨーク市の復活を願うニューヨーク・シティ・タータンなどがある。また，クランの結束を示すクラン・タータンには日常生活や非公式の場で着用するハンティング・タータンと，祭りや行事など正式の場で着用するドレス・タータンの区別がある。

(2) イギリスの国名と国旗

イギリスの正式国名は「大ブリテン島と北アイルランドの連合王国」で，英語表記は，The United Kingdom of Great Britain and Northern Ireland となり，略称は UK である。前記キルトのなかで触れているが，かつてはイングランドもスコットランドも独立王国として存在し，さらにブリテン島にはウエールズ王国もあった。イギリスの国旗はユニオンジャックと呼ばれているが，3つの王国の旗を統合したデザインとなっている。

| 図2.3.2 | 図2.3.3 | 図2.3.4 | 図2.3.5 |

図2.3.2は現在の国旗ユニオンジャックである。図2.3.3はイングランドの旗で白地に赤十字はイングランドの守護聖人である聖ジョージを表している。図2.3.4はスコットランドの旗で，青地に白斜め十字はスコットランドの守護聖人聖アンドリューを表している。図2.3.5はアイルランドの旗で聖パトリックを表す白地に赤の斜め十字となっている。ウエールズのデザインが含まれていないのは，ウエールズが早くにイングランドに統合されていたため，国旗のデザインを決める時に議論の対象とならなかったからである。

国旗や国名からも国の構成や歴史をたどることができる。図2.3.6

図2.3.6　衛兵

はロンドンのバッキンガム宮殿の衛兵の写真である。独特の熊の毛皮の帽子に赤い上着と黒のスラックスを着用し，勤務中は微動だにしないことで知られている。図2.3.1のエジンバラ城の衛兵とスタイルが異なるのはスコットランドとイングランドが独立国でそれぞれに軍隊があったことによる。

(3) スピーカーズ・コーナー

イギリスを特徴づけていることがらにロンドン市内の公園ハイドパークで1872年以来続いているスピーカーズ・コーナー（Speakers' Corner）がある。毎週日曜日，ハイドパークのマーブルアーチの一画スピーカーズ・コーナーでは大勢の人が集まり，それぞれの話し手の演説を聞いている。演説の内容に納得すればうなづき，納得できなければ反論する。演説をするのに資格は必要としない。不文律として，王室を冒とくする内容や下品な話題，平和を乱す恐れのある内容は避けることになっている。

図2.3.7　スピーカーズコーナー

図2.3.8　スピーカーズコーナー

図2.3.9　ハハー

話の輪は大きなものもあれば小さなものもある。演説というより4〜5人で討論しているグループもある。議論が白熱して感情的になる場合にそなえて図2.3.8に見るように婦人警官なども輪の近くで聞いていたりする。

スピーカーズ・コーナーが100年以上も継続していることに驚かされる。民主主義の歴史と伝統，パブリック・スピーチやディベート，ディスカッションなどの素地がこういうところではぐくまれていることを思い知らされるコーナー

である。

(4) ハハーのテクニック

イギリスはガーデニングの盛んな国である。日本の借景に似た発想のハハー (ha-ha) と呼ばれる手法がある。庭園の境界に2mあまりの段差を設け，外部から動物などの侵入を防ぎ，庭園内部からは広い敷地に見せる。その場所で初めて気がつき，ハハーと言うわけである。

2 イタリアの魅力

(1) トスカーナに学ぶ

わが国有数の観光地，大分県湯布院の旅館経営者たちは魅力ある観光地の在り方を探るため，トスカーナをはじめとするヨーロッパ各地を視察した。わが国の一時期の観光の在り方は大規模な施設を中心にしたテーマパーク型をモデルとするものだった。しかし，景気が低迷し観光客が伸び悩みをみせはじめると，あらたな魅力づくりに迫られた。

トスカーナ州はイタリア中部に位置し州都はフィレンツェで，ピサ，ルッカ，シエナ，リボルノなどの都市がある。フィレンツェはイタリア・ルネサンス発祥の地として数多くの文化遺産を有している。ピサは世界七不思議の一つにも数えられる斜塔で有名である。世界的に知られた都市があるものの，トスカーナの大部分は，なだらかな丘陵が連なる田園地帯である。

湯布院の旅館経営者が視察に訪れたのはフィレンツェやピサのような大きな都市ではなく，目立った観光施設もないのにヨーロッパ各地から人が集まるトスカーナの田園地帯である。なだらかな丘陵の大部分は農地として利用されている。麦や牧草が広い面積でつくられるほか，乾燥に強いオリーブ，ワインの原料となるブドウ，四季の味覚を楽しむモモ，スモモ，イチジク，洋

図2.3.10 トスカーナ

ナシ，リンゴなどの果樹類，トマト，ズッキーニ，ピーマン，スイカなどの野菜類など多くの作目が手がけられている。生ハムやチーズもトスカーナの特産である。

アグリツーリスモ（agriturismo）と呼ばれる農業，農村体験を主とする旅行形態がある。農家に滞在して農作業を手伝ったり，地元の農産物や伝統的な食事を味わい，周辺の散策を楽しむのが目的である。トスカーナの集落はどこも図2.3.10のような景観である。小高い丘に集落がつくられる。中心に教会と城や砦があり，それを囲むように集落が形成される。家の造りや外観は同じである。イタリアでは法律によって古い建物を壊すことを禁じ，修復だけを認めている。トスカーナの地域によっては外装の色も3色までと規制されている。この結果，トスカーナのどこへ行っても同じような景色である。

図2.3.11　トスカーナ

しかし，どこを見ても集落と地形のおさまりがよく，集落の統一感は心地よくやすらぎを覚える。大きな繁華街や人の群れに伴う喧騒とか犯罪につながるような行為もない。日本では見慣れたコンビニもない。地域で1〜2軒の食料品店も営業時間が限られている。午後1時から夕方5時まで完全閉店となれば人々もその時間に合わせて買い物をする。建物は古いがつくりはしっかりしている。壁が厚くつくられているので盛夏でも外気を遮断し，日中窓を閉めておくと涼しいぐらいに感じられる。農作業を体験したり，起伏のある集落周辺を散策，心地よい汗をかいた後に地元でとれた新鮮な農作物やワインを味わう。

時間に追われて次の観光地にあわただしく移動するのではなくて教会の鐘で時を知り，心ゆくまでトスカーナのあるがままに身をゆだねる。湯布院の経営者たちがトスカーナから学んだものは，何も足さないということだった。

(2) コロッセオとフォロロマーノ

イタリアの首都ローマには市内中心部に古代ローマ帝国の遺跡がある。なか

でも人目を引くのはコロッセオとフォロロマーノである。コロッセオはコロセウムあるいはコロシアムと呼ばれる円形闘技場で5万人を収容できる。ヴェスパシアヌス帝の命令によりA.D.72年に建築にとりかかり，息子のティトウス帝の時代に完成した。闘技場では剣闘士の闘いやキリスト教徒とライオンの闘いなどが行われた。時の権力者がローマ市民の歓心をかい，政治から目をそらすのがねらいであった。

図2.3.12　コロッセオ

フォロロマーノはコロッセオに続く遺跡で，古代ローマの中心部であった。凱旋門や神殿，演壇などの建造物や軍隊の凱旋や宗教的な行事の折にメインストリートとなった「聖なる道」などの遺跡が広い範囲にわたって残っている。建造物は柱だけが残っていたりして不完全なものもあるが，近代的な首都の一画に広大な遺跡が2000年近くの時間を越えて存在していること自体に計り知れない価値がある。

図2.3.13　フォロロマーノ

同様のことはイタリア南部のポンペイの遺跡についてもいえる。A.D.79年，ヴェスビオ火山の噴火により近くにあったポンペイやエルコラーノなどの古代都市が火山灰や溶岩に埋もれて壊滅してしまった。近世になって遺跡の存在が明らかになり，地域の発掘が進むにつれ，それらの都市の2000年近く前の様子がありのままに姿を現している。噴火の直前まで生活していた人々や広

図2.3.14　ポンペイの遺跡

場を中心とする都市計画，馬車が行き来してわだちのあとが残る道路，住宅や庭園の構成，パン工場や喫茶店のあとなど，現代との年月の隔りを感じさせないような遺跡である。

　コロッセオやフォロロマーノ，ポンペイの遺跡などは今後も長く保存して後世に引き継ぐべき人類共通の遺産である。ローマ中心部にあるコロッセオとフォロロマーノについては増大する交通量のため振動や排気ガスによる遺跡の損傷が懸念される。現在，遺跡のある歴史的地区への普通車やトラックの進入制限措置がとられ，保存対策が強化されるようになった。ポンペイについても保存状態のよい住宅に観光客が多数押しかけて遺跡を損なわないよう，一度に入る人数を制限している。

3　マレーシアの国づくり
(1)　パーキングエリアのできごと

　マレーシアは東南アジアにある連邦制の立憲君主国。マレー半島南部の西マレーシアとカリマンタン島北部の東マレーシアと2つの地域からなっている。住民はマレー系66％，中国系26％，インド系8％などからなる多民族国家である。宗教はイスラム教が国教となっており，仏教やヒンズー教もある。

　マレーシアを訪れた日本人旅行者のグループが次のような体験をした。首都クアラルンプールからバスを利用して高速道路を南下，途中，バスはトイレ休憩のためにパーキングエリアに入った。日本人グループはタイル貼りに水が流れている建物に入り用を足そうとしていたところ，現地の人が手に棒切れを持ち，血相を変えて詰め寄ってきた。あまりの剣幕に日本人の旅行者は現地の人が怒る理由がわからなかった。日本人がトイレだと思い込んだ建物はイスラム教の礼拝をするための施設であった。礼拝をする前に身を清める意味で足を水にひたすためにタイル貼りの施設に水が流れていたのだった。

　イスラム教の信者にとって神聖な場所で用をたすなどとはもってのほかのことである。わけがわかってみれば現地の人が血相を変えて怒るのも，もっともなことである。知らぬこととはいえ申し訳ないと，ひたすら謝るほかないでき

ごとだった。日本の国内事情からいえば，高速道路のサービスエリアやパーキングエリアに宗教的な施設を設置することはあり得ない。クアラルンプールのホテルに宿泊していたときも，早朝から男性のうめき声のような音が耳に入ってきた。何か事件があったのか，急病で苦しんでいるのかと思うような音だった。午前5時ころに流れたこの声は，やはりイスラム教の礼拝をうながすコーランの声だった。イスラム教では，一日に5回，アラビア半島にある聖地メッカの方向に向かって礼拝をすることが義務づけられている。熱心な信者であれば，高速道路を走行していれば最寄りのパーキングに車を入れて礼拝をする。旅先のホテルに宿泊していても礼拝は欠かせない。宗教と日常生活が遊離している多くの日本人にとっては理解しがたいことである。

(2) **ブミプトラ政策（Bumiputra Policy）**

ブミプトラとはマレー語で「土地の子」を意味する。マレーシアは多民族国家で，国民の過半数を占めるマレー系住民の経済的地位の向上を目指しマレー人を優遇する政策がブミプトラである。マレーシアはスズと天然ゴムの世界的な産地である。マレーシアがイギリスの植民地であったとき，イギリスはスズの採掘とゴム園労働者として中国人とインド人の移民を奨励した。1957年，マレーシアはイギリスから独立。マレー人は政治的な統治は始めたものの農業従事者が多かったため，経済的実権は中国系住民に握られていた。

1969年，首都クアルンプールにおいてマレー系住民と中国系住民が衝突する人種暴動が発生，200人以上が死亡した。1970年，首相に就任したアブドル・ラザクは，教育，雇用，許認可，融資などあらゆる分野でマレー人を優遇する「ブミプトラ政策」を取り入れ，マレー人の経済状態を改善しようとした。

1981年，首相に就任したマハティールは「マレー人の復権」を主張し，ブミプトラ政策を一層強化した。この結果，マレー人の経済的地位は向上し中産階級が形成された反面，不当に就学や就職の機会を制限された中国系やインド系住民からは不満の声が高まっている。また，会社などにおいて表向きマレー人を代表者にしていても経営の実態は中国系住民が押さえている例も見られる。

(3) ルック・イースト政策（Look East Policy）

マハティール首相（当時）は，ブミプトラ政策を強化すると同時に国力の向上を図る方策として，韓国や日本の経済成長をモデルとする「ルック・イースト政策」を提唱した。マレーシアでは欧米留学がエリートの条件とされ

図2.3.15　女子高生

てきたが，マハティールは欧米留学の経験なしに首相となった異色の存在であった。韓国や日本の目覚しい経済成長を目の当たりにしたマハティールは，欧米ではなく，身近なアジアの国に範を求めようとした。図2.3.15はマレー半島南端のジョホールバールで日本語を学ぶ女子高生である。

ルック・イースト政策の推進により，マレーシアから日本への留学生や研修生の派遣が多くなった。日本からは建設業や自動車産業，電子・電気産業などへの投資が増加した。農業のほかは天然ゴムやスズなどの一次産品に頼っていたマレーシア経済は飛躍的な発展を遂げ，半導体や家電製品を輸出できるようになった。

(4) ビジョン2020（Vision 2020）

マハティール首相（当時）はルック・イースト政策を進めながら，1991年，「ビジョン2020」という構想を明らかにした。マレーシアが2020年までに先進国入りすることを目指すもので，マレー語でワワサン2020（WAWASAN2020）とも呼ばれている。図2.3.16は首都クアラルンプールの近代化を象徴する高層ビルで，1997年に完成した。国営石油企業ペトロナス社の社屋，ペトロナス・ツインタワーで高さ452mである。建築にあたったのは日本と韓国の建設

図2.3.16　ツインタワー

会社で29カ月の短期間の工期で完成させた。

　日本や韓国の技術力や経済力を利用し，見習うべき点は見習いながらもマレーシア独自の力を蓄えようというのがビジョン2020構想である。ツインタワーと1998年に開業した新国際空港の間の南北約40km，東西15kmの地域をマルチメディア・スーパー・コリドー（MSC）として開発，建設する都市計画が進められている。

　20年以上の長期間にわたりマレーシアの首相をつとめたマハティールは，2003年，アブドラに首相の座をわたした。アブドラ新首相は，マハティールの掲げたブミプトラ政策，ルック・イースト政策，ビジョン2020などの基本路線を継承しつつも，多民族国家の現状を踏まえて政策の見直しをすることも視野に入れている。わが国や韓国を手本とした経緯もあることから，それぞれの国が今後どのような道を歩むのか注目される。

4　都市国家シンガポール

(1)　都市国家の戦略

　マレー半島の南端，マレーシアのジョホールバールと幅約１kmの海峡をはさんで位置するのがシンガポールである。国の範囲は主島シンガポール島と周辺50あまりの小島であるが全部合わせても面積約699km²，東京23区とほぼ同じ広さである。シンガポールは国全体が首都のような存在の都市国家である。

　1819年，イギリスの植民地行政官トマス・スタンフォード・ラッフルズがシンガポールに上陸，近代的な都市づくりに着手しイギリスの植民地となった。第２次世界大戦中は日本に占領され昭南島と呼ばれたこともあるが，戦後再びイギリスの支配下に置かれた。1963年，マレーシアの前身であるマラヤ連邦とともにマレーシア連邦を結成したが中国系住民とマレー系住民の対立の

図2.3.17　マーライオン

激化，シンガポールに対する財政負担の強化などが原因となり，1965年，マレーシア連邦から分離，独立した。イギリスの支配が長かったことから英連邦に加盟している。

シンガポールは国土面積も狭く，人口は435万人余りであるが，国家としての存在感は大きい。インド洋と南シナ海を結ぶ海上ルートで有利な位置を占め，空路においてもアジア有数の規模をもつチャンギ国際空港を整備してハブ空港の機能をもたせている。国内の天然資源には恵まれていないが，東西の貿易拠点として物流を積極的に行うとともに造船や電機など重工業を中心とする工業化政策を進めてきた。今後の国家戦略も活発な貿易活動にあるとして日本をはじめ主要な貿易相手国との間で2国間自由貿易協定の締結を進めている。シンガポールの国づくりに指導力を発揮したのは独立前の1959年から90年まで31年間にわたり首相をつとめたリー・クワン・ユーである。図2.3.17はシンガポールのシンボル，マーライオン像であるが，リー前首相の存在と重なるものがある。

(2) シングリッシュ（Singlish）という英語

シンガポールも多民族国家である。中国系住民が76％，マレー系14％，インド系8％という構成で，公用語は英語，中国語，マレー語，タミル語となっており，行政機関では英語が話される。イギリスの植民地が長かった影響で英語が公用語となっているが，英語を母国語としているわけではない。英語に中国語やマレー語の要素が加味されている。シンガポールの人は英語を話しているつもりでも日本人の耳には英語と異質の言葉のように聞こえることがある。動詞の時制にこだわらずすべて現在形で使って全体の脈絡から過去，現在，未来を判断したり，現在進行形でbe動詞を省略したりする。語尾に英語にはない-laや-ah，-haなどをつけて日本語の「ね」，「さ」，「よ」などと同じようなニュアンスをもたせるなどの特徴がある。

イングリッシュ（English）とは言いがたく，シンガポール独特の英語だからシングリッシュ（Singlish）と呼ばれている。文法的にもアクセントやイントネーションも本来の英語からすると問題があるのかもしれないが，そのようなことをあまり気にする様子もなくシンガポールの英語は話されている。シンガポ

ール国民でも欧米への留学経験者も多く，ブリッティシュ英語やアメリカン英語を身につけていても日常会話はシングリッシュになることが多い。

　日本では中学校から英語の学習が始まり，長い年月英語を勉強している割に英語に対する苦手意識が強い。きまじめな性格がわざわいして間違いを恥じらう気持ちがあるために，おおらかに英語を話す機会を失っている。公式文書や学会の発表などは正確を期す必要もあるであろうが，日常会話については間違いを気にして口を閉ざすより，積極的に会話を楽しむべきであろう。口を閉ざしていることは心を閉ざしていることにもつながる。

　シンガポールに限らず，海外における日本人の行動は，現地の人に溶け込もうとせず，日本人だけでグループをつくり閉鎖的に行動する場合が多いといわれる。英語ですべての国に対応できるわけではないが，それぞれの国において閉鎖的な行動様式をとっている例が多い。シングリッシュといわれても臆することなく英語を話すシンガポールの人々の行動には見習う点が多い。

　南太平洋の小さな島国トンガ王国は人口10万人ほどの国である。固有の言語としてトンガ語があるが公用語は英語で，学校教育では小学校から英語で授業が行われる。トンガ出身の人に言葉の使い分けを聞くと，トンガは小さな国なので子どもが成長すれば海外に出て行くことが避けられない。その時に英語を身につけていることが役に立つ。トンガ語は誰でも話せるからトンガ語の指導は家庭で行う。英語の指導は学校の役割としてお願いしているとのことであった。わが国は自国で生涯を送ることが可能なだけに英語学習が身についたものとならないが，国際化時代への取り組みとしては残念なことである。

(3) クリーン&グリーン政策

　シンガポールは都市国家であることから天然資源には見るべきものがない。シンガポールが独立国家として生き残り，繁栄していくためには外国からの投資や観光客の受け入れなど，外国人が安心して訪問し，投資や企業進出などを行うことができる環境づくりが必要であった。このため，国際空港の整備をはじめ訪れた人々に気持ちのよい滞在を保障し，リピーターとなることを期待して国全体がガーデンシティとなることに力を入れてきた。チャンギ国際空港か

ら中心部へは距離も近く，道は広くて緑が多く快適である。中心部は人口密度も高く人出も多いがこざっぱりとした清潔感が保たれている。国民の一人ひとりが街を汚さない，美しく維持しようと努力している現れともいえるが，そうせざるを得ない事情もある。

1960年代，「クリーン＆グリーン政策（Clean & Green Policy）」を掲げて環境美化の取り組みを始めた。当初の重点項目は，道路沿いの植樹と公園の建設・整備であった。その後，色彩豊かな植物の植栽，生態系に配慮した公園整備，公園間を結ぶ遊歩道の整備，植栽している樹木をデータベース化してコンピューター管理，住民参加の公園づくりなどを次々と打ち出し，実行してきた。シンガポールは国土が狭く，自生植物だけでは多様な要求を充たすことができないため，海外から多数の植物を導入してテスト栽培を繰り返し，定着可能な種類の特定や最適な栽培管理などについて試験研究も並行して行った。

「クリーン＆グリーン政策」を引き継ぐものとして，2002年，シンガポール政府は持続可能な発展を支える環境政策として，「シンガポール・グリーンプラン2012（SGP）」を定めた。2002年からの10年間を見通した環境政策である。SGPの具体的な実施計画として，2004年，「アクションプラン」を発表した。アクションプランは，①大気環境，②水管理，③廃棄物管理，④自然保護，⑤公衆衛生，⑥国際連携，の6分野からなり，24の環境保全実施項目と155の具体的な施策で構成されている。

大気環境の分野では大気汚染と地球温暖化防止対策，水管理の分野では，シンガポールは水資源に乏しく，水需要の半分を隣国のマレーシアから購入している現状を踏まえ，節水をはじめ水の再利用や海水の淡水化対策など，廃棄物管理では年々増加する廃棄物とその処理対策，自然保護では緑地環境の整備と生息する動植物の保護管理，公衆衛生では感染症の予防対策，国際連

図2.3.18　高校生

携では地球規模で解決を迫られる課題などに取り組むことにしている。

(4) 規則と罰金

政策を具体化する手だてが規則と罰金制度である。主な禁止事項としては，ゴミ箱以外にゴミを投げ捨ててはいけない，つばの吐き捨て禁止，歩きながらの喫煙，吸殻の投げ捨て禁止，地下鉄の車内で切符を折り曲げたり，はじいて音を立てたりしてはいけないなど，日本では考えられないような規則まで決められている。規則である以上，禁止事項に違反すれば罰金を取られる。

シンガポールが徹底しているのは規則や罰金の制度を決めるだけではなく，実行していることである。監視員が規則に違反する行為がないか眼を光らせている。違反の事実が確認されれば高額の罰金を請求される。この締め付けが今のところは効果的に作用して全体的にクリーンなイメージが保たれている。

5 羊の国，ニュージーランド

(1) 羊の存在

ニュージーランドは南半球にある島国で，気候は日本と四季が反対であるが，地形は日本とよく似ている。ニュージーランドの北島は北海道を，南島は本州を思わせる。人口は約390万人ほどであるから，日本と比較すると圧倒的に少ない。全人口の7割以上が北島で生活している。したがって，南島では100万人前後が生活している。人口の10倍以上飼育されているのが羊である。最盛期は8千万頭近く飼育されていたが，羊毛価格が下落したことなどにより，現在は4千万〜5千万頭になっている。

ヨーロッパから最初にニュージーランドを訪れたのは1642年，オランダ人のタスマンである。タスマンは出身地のゼーランド州（Zeeland）に因んで「新しいゼーランド（Novo Zeeland）」と呼んだことからニュージーランド（New Zealand）の名前がついた。イギリスからは1769年，探検家のジェームズ・クックが最初に上陸した。当時，ニュージーランドには先住民族としてマオリ族が住んでいた。マオリ族はニュージーランドの地名を「白く長い雲のたなびく地」を意味するアオテアロア（Aotearoa）と呼んでいた。イギリスからの移民が増

えるにつれてマオリ族とのトラブルも発生した。イギリスは，1840年，マオリ族とワイタンギ条約を結び，ニュージーランドをイギリスの植民地とした。1947年，イギリスから独立したが，現在でも国家元首はイギリスのエリザベス女王である。

(2) 羊農家の生活

　南島の中心都市クライストチャーチから南下すると東海岸にカンタベリー平野が広がる。西海岸はサザンアルプスと呼ばれる山脈が南北に壁のように伸びている。クライストチャーチの市街地を離れると農地が現れる。はじめのうちは野菜栽培や果樹栽培が多いが，やがて放牧場に羊の姿を認めるようになる。南島に高速道路はないが道はよく整備されている。国道1号線を2時間余り車で走ると丘陵地帯が多くなる。サウス・カンタベリーと呼ばれている地域では羊を飼育する農家が多い。羊のほかには牛や鹿を飼育する農家もある。Deer Farmと呼ばれる鹿牧場で鹿を飼育する目的は，肉や皮のほか大きな角である。ニホンジカの角のイメージとは異なり，トナカイのように大きく，ビロード状の毛でおおわれている。角は根元から切り取られて中国などへ輸出され，漢方薬の原料となる。

　羊農家の経営面積1戸当たり100〜500ha，羊の飼育頭数は1000〜5000頭である。広い牧草地をいくつかに区切って羊は群れごとに放牧されている。羊は，害虫の駆除をするため薬を飲ませるときや毛を刈るときに集められる以外，年間を通して放牧されている。牧草の食べ具合で時々群れ全体を別の区画の放牧

図2.3.19　羊の群れ　　　　　　　　　図2.3.20　鹿

地に移動させる。起伏のある広い放牧地でてんでに草を食べている羊を集めて別の放牧地に移動させるのはとても大変な作業のように思える。しかし，作業を始めて5分もたたないうちに200〜300頭の羊の群れが1頭残さず移動を完了する。

　みごとな仕事に力を発揮しているのがシープドッグ（sheep dog）と呼ばれる牧羊犬である。1人の人間と2匹のシープドッグで羊の群れを移動させる。人が犬笛を吹くと犬は音色を聞き分け，羊を集めてきたり群れを右方向に追い込んだり，左方向に追い込んだりする。人は放牧地の見通しのきく場所に立っていて犬に指示を出すために笛を吹けば作業が進む。シープドッグに使われる犬種は，ボーダーコリーやシェットランド・シープドッグ，ウエルシュ・コーギーなどの純系のほか雑種犬も活躍している。牧場主や牧童はシープドッグのしつけ方で技量の程度を問われる。羊が主要な産業となっているニュージーランドやオーストラリア，イギリスなどではシープドッグの競技会（sheep dog trial）が開かれ，自慢の腕を競い合う。競技会で優秀な成績をあげたシープドッグは飼い主の誇りになるとともに，その血をひく子犬には高い値がつく。

　シープドッグの餌として羊の肉が使われる。どの羊農家にも牧場の一画に羊を処理するための施設がつくられている。群れの羊のなかで生育の遅れぎみの羊やけがをしてしまった羊など，何かしらの理由がある羊が選ばれ，定期的に処理されて肉は犬の餌になる。羊農家は，経営を続けるためには好むと好まざるとにかかわらずシープドッグを飼うために羊を処理していかなければならない。あるときの総合演習の時間，羊に感情を持って接していては羊の処理はできないと話したところ，学生の感想文に次のような反論があった。

> 　講義の中で，羊を処理してシープドッグの餌にするという話があり，羊を愛していないからできる，というようなことを言っていらっしゃいましたが，それは違うと思います。飼育するからこそ，どんな羊でも愛着がわくはずです。日本の食卓は"殺す"ことから遠ざかり，肉になるまでの羊の経過を忘れているからこそ批判するのではないでしょうか。むしろ，他の生き物の死によって自分たちが生きているとわかる分，羊に対する思いは強いのではないかと思います。食卓と命が遠ざかっ

> てしまったのは，大規模農業と消費するだけの食卓に原因があると思います。

　愛情を持っていては羊の処理ができないという説明に納得する学生も多くいたなかで，この反論は光るものがある。筆者が農業高校生を連れてニュージーランドの羊農家でファームステイをした折，現地の農家で上記の学生と同じような考え方をする人がいた。2名の女子高校生を，滞在期間中のある朝の食事前，羊の屠殺に立ち会わせた。筆者が直後に訪ねたところ，牧場主のからだに羊の返り血がついていた。

(3) ハンナの成長

　筆者が初めて高校生とともにニュージーランドを訪れたとき，ウイルソン家に滞在をした。2日目の朝，隣の牧場から羊が追い立てられてきて雌雄に分ける作業が始まった。道路一杯に広がって追われてきた羊の群れが大きな囲いの中に入れられた。狭い通路を通るとき羊の耳にあけられたパンチの有無で雌雄を見分けて別の囲いに入れるという作業だった。大人がする作業を囲いの外で見ていたウイルソン家の孫娘ハンナが，囲いに上がり，身を乗り出して羊を追い始めた。ハンナはそのとき3歳である。ハンナは囲いの外からでは羊を追い立てるのにもどかしくなり，囲いの中に入って羊を追い始めた。

　日本で同じような状況になったら間違いなく「あぶないから囲いから早く出なさい」と声がかかる。わずか3歳の子どもの労力は当てにしていないし，けがでもされたらそのことの方が面倒なうえに大人の仕事の能率も悪くなるというのが常識的な考え方である。ニュージーランドではハンナの行為を誰も止めようとはしなかった。羊も大人しい動物なので3歳の子どもに追い立てられて囲いの中を右往左往という状態であった。羊を追い込んだ後のハンナの表情はとても満足そうだった。前日，筆者が初めてハンナにあったときは恥ずかしそうにうつむくだけであったのに。あまりの変身ぶりにあっけにとられてしまうほどであった。

　初めてハンナに会ってから6年が経過した。再び会う機会ができてハンナの家族がクリスマスと新年の休暇を利用してキャンプしているところを訪ねた。

サザンアルプスの氷河によってできたテカポ湖のほとりがキャンプ地であった。ハンナは9歳になっていた。滞在時間が限られている筆者のためにハンナはいろいろなパフォーマンスをしてくれた。最初は水泳である。夏といってもニュージーランド南島の夏は日本の初夏のような気候である。テカポ湖の水温は低く，そこで泳ぐことに驚いた。次は水上スキーに乗ってみせるという。父親がモーターボートのエンジンを始動し船からのロープをハンナが手にした。はじめはうまく水をとらえることができなかったが，3回目のトライでスキーの上に立つことができた。

　スキーは1枚板である。ミルキーブルーのテカポ湖の水面でスキーを操るハンナ。水上スキーを終えるとゴーカートを運転するという。キャンプが20日以上になるので子どもが退屈しないようゴーカートも用意されていた。キャンプをしている湖岸と林の間を走るコースができている。ウェットスーツからヘルメット姿に変身したハンナがゴーカートで走り始めた。コースを何回か周回してゴーカートは終わり。一息入れるとハンナが筆者にキャンプ地周辺をウォーキングしないかと提案した。同意すると家族も一緒に散歩に出かけた。

　散歩といっても湖の周囲はなだらかな起伏が連なり，ハイキングのような散歩である。途中，倒木を引っくり返すと中から虫がでてきた。岩が露出しているところではよく見ると水晶の結晶があった。ちょっとした散歩でも小さな発見が続く。ハンナの親はキャンプ地にニュージーランドの百科事典を持参していた。筆者が歩いたときもそうであったように，キャンプ中にいろいろの発見がある。子どもが決まって口にする「これなあに」に答えるために百科事典が必要なんだと父親が話してくれた。クリスマスに新年の休暇といってもニュージーランドは夏の季節である。冬の季節には湖の対岸でスキーをするためにしばらく滞在するとハンナの母親が話す。

　総合演習の講義でこの様子を紹介すると，学生の多くが，ハンナの家族はどれほどリッチなのか，どこからそのようなお金がわいてくるのかなどの疑問を示す。ハンナの父親の職業はコンクリートミキサー車のドライバーである。特別裕福な家庭ではない。長期間のキャンプをするといっても，旅館やホテルに

図2.3.21　ハンナ（3歳）　　　　　図2.3.22　ハンナ（9歳）

滞在するわけではないから宿泊費は無料。食事は自炊であるし湖や近くの池でマスなどを釣り上げれば燻製にする道具も持ち込んでいた。日常生活が湖畔に移動しただけといえる感覚である。

　ハンナの家族に限らず，ニュージーランドの人々は休日を利用してドライブに出かけ，自然のなかでアウトドアライフを楽しむのが余暇の過ごし方である。遠出をする場合は，途中，モーテルに泊まることもある。ニュージーランドのモーテルは家族で経済的に泊まることを基本にした宿泊施設である。

　ニュージーランドで人気のあるスポーツはラグビー。オールブラックスは世界有数の強豪チームとして知られる。人口比でいえば日本から強豪チームが出現してもよいはずだが，日本の実力は世界とは開きがある。オールブラックスの強さは，ハンナの例に見るように，一人ひとりがたくましく育っていることがあげられる。日本からの高校生が滞在している農家を見て回った折，広い敷地の一画にトランポリンが置かれて，小さな子どもたちが跳ねて遊んでいる光景を目にした。トランポリンのわきで子どもの動作を見ているのはペットがわりの小鹿であった。小さいころから作業に加わり，休日には恵まれた自然環境の中でアウトドアライフを楽しむような生活を積み重ねた成果であろう。

　クリスマスの時期に生徒の滞在先を訪ねても不在の家も多かった。ただし，ドアにも窓にも鍵はかけられてなく，庭に洗濯物なども干してあって，ちょっと近くへ買い物でも出かけたかと思えるような雰囲気である。後日聞いてみると，家から100km余りも離れたテカポ湖まで出かけていて，戻ったのは夜10時

近くとのことだった。長時間家を留守にしても鍵をかける必要のない暮らしがあった。ファームステイを体験した日本の高校生が，ニュージーランドへ来て人生観，価値観が変わったというのも納得できる話である。

「羊の背に乗る国」というのはニュージーランド以上に羊の飼育が盛んなオーストラリアについていわれた言葉である。オーストラリアでは，この言葉に「第一次産業主体の国」という意味があるため，羊を自動車に言い換えたりして工業化を推進しようとしている。ニュージーランドも含めて上手に羊の背に乗ればいいのではないかと思うのだが。

6 赤道の通る国，エクアドル
(1) エクアドルという国

エクアドル（Ecuador）の国名はスペイン語で赤道（ecuador，英語・equator）の意味である。国名の示す通り，エクアドルに赤道が通っている。南米大陸の北東部に位置し，東側はアマゾン川源流域に接し，西側は太平洋に面している。国の面積は25.6万km²ほどで日本の約4分の3，人口は1300万人ほどである。国の中央部にアンデス山脈が連なっている。気候帯や地形から国は3つの地域に分けられる。中央アンデス山地をシエラ，太平洋沿岸をコスタ，アマゾン川源流域の東部熱帯低地をオリエンテと呼んでいる。大陸から千km離れた沖合にダーウィンが進化論を展開するきっかけとなったガラパゴス諸島がある。首都のキトはシエラに位置し，標高2850mの高地にある。

エクアドルの民族構成は，先住民とスペイン人の混血であるメスティソ77％，先住民であるインディヘナ7％，ヨーロッパ系白人10％，その他アジア系・アフリカ系6％となっている。民族構成から類推できるように，エクアドルは先住民の国であり，15世紀はインカ帝国が支配していた。大航海時代にスペイン人が侵入してインカ帝国を亡ぼし，1533年，スペイン領となった。1819年，コロンビア，ベネズエラ，パナマとともにグランコロンビア共和国に加わったが，1830年，脱退して独立した。300年近くスペイン支配が続いたため，公用語はスペイン語である。アフリカ系住民は，奴隷として強制的に南北アメリカに連

図2.3.21　赤道記念碑　　　　　　図2.3.22　靴磨きの子ども

れてこられたが人々が苦難の後に解放されて住み着いたものである。先住民のインディヘナも統一した民族ではなく，居住地ごとに少しずつ異なる文化を継承している。

　エクアドルの主要産業は，バナナ・コーヒー・カカオなどを主とする農業，水産業，石油関連業などである。オリエンテ地域に石油と天然ガスが産出することが国の経済を支えているが，インディヘナやアフリカ系住民の生活は厳しい状況に置かれている。地方で農業を営んでいても生活が苦しく，首都のキトに行けば何とかなるという思いから人が集まるため，もともと標高の高い位置にあるキトの市街地はさらに高い所へ拡大している。教育制度は初等教育から大学まで整備されているが，小学校段階でも子どもは家計を助けるために学校には行かずに働いている事例が多い。学校自体も教員の給与は国の予算でまかなわれるが，教材の購入や施設・設備の整備は設置者負担のため不十分である。首都キトで世界遺産に登録されているセントロ地区は観光客が多く訪れるのを目当てに靴磨きの子どもたちも集まっている。治安状態も良いとはいえない。

(2) 青年海外協力隊の活動

　筆者の知人が高校教諭の職を休職して青年海外協力隊員としてエクアドルに赴任した。首都キトからバスで3時間ほどかかるサントドミンゴの大学で農業技術を指導するためである。大学で初めて受け入れた青年海外協力隊員であった。知人は日本人としての存在ではなく，中国人として理解されたり処遇されることが多かった。エクアドルに日本の工業製品は出回っているし，バナナや

コーヒーも主要な輸出先として日本の存在は大きい。家電や情報機器など日本の工業製品は優れた品質のためにエクアドルの国民にとって所有願望は強いが高価格で手が出ない。一部の富裕層は日本製品を求め，一般庶民は日本のコピー製品を手に入れているのが現状である。エクアドルでは月２万５千円の収入があれば一家５人が生活できる。マニラ麻の出荷をする若者の日当はＵ＄５ドル（日本円で約600円）で，Ｕ＄１ドルは昼食費として差し引かれていた。

　エクアドルはブラジルやアルゼンチンのように日本からの農業移民を受け入れてこなかったため，日本製品の優秀さは認めていても人としての日本人に対する認識は希薄であった。中国人，韓国人，ベトナム人なども含めて日本人は東洋人という理解である。地域の日常生活に入り込んで商店などを経営し，確かな収入を上げている中国人が強く意識され，反発的な感情も強かった。青年海外協力隊員の活動は，普通，現地の協力者であるカウンターパートとコンビを組んで仕事を進める。隊員が帰国した後はカウンターパートが知識・技術を身につけ，地域で継続して指導，普及にかかわるためである。

　知人が協力隊員として大学に赴任してもカウンターパートを希望する職員がいなかった。やむを得ず，人柄が温厚で成績優秀な大学院の学生がカウンターパート役を努めることになった。歓迎されないまま勤務を始めた知人は実力で日本人の存在価値を認めさせるべく努力を重ねた。日本から野菜や草花の種子を取り寄せ，大学の農場の一画で栽培に取り組んだ。有機質肥料の使用，野菜の間にマリーゴールドを混植することで土壌線虫の害を防ぐ方法など，大学では初めての栽培技術であった。収穫した野菜類の味を含めて結果が出ると認識も変わる。知人は，好意的ではないが無視できない存在になった。大学内の教員や学生も知人に相談をもちかけたり指導を仰ぐ者も出るようになった。マリーゴールドを混植することで土壌線虫の害を防ぐ方法を伝え聞いた学内の教員がキンセンカを混植して同じ効果があると学生に指導し，この技術はその教員が独自に開発したものであると話すようになった。キンセンカに土壌線虫の害を防ぐ働きはない。

　学内では冷遇された知人であったが，下宿先の一家は知人に良くしてくれた。

農場とコーヒーの販売，ロウソクの製造販売に熱帯魚の餌を扱うという多角経営で地域の実力者であった。ロウソクの製造販売は珍しいと筆者が尋ねると，エクアドル国内ではすべての家庭に電気が入っているわけではない。ロウソクが必需品である家庭も多いので，ロウソクが商品になるという説明をしてくれた。知人は２年間の任期中，デング熱という風土病にもかかり苦しい思いもしたが，エクアドルに赴任したことはスペイン語の習得を含め，何物にも替えがたい財産となったと受け止めている。任期中の休暇を利用してブラジルやアルゼンチンにも旅行し見聞を広めた。青年海外協力隊の概要は以下の通り。

青年海外協力隊（Japan Overseas Cooperation Volunteers. 略称 JOCV）
　開発途上国の国づくりに協力するため，現地で奉仕活動をする。アメリカの平和部隊をモデルにして，1965（昭和40）年創設。途上国の要請にもとづき人材を派遣する。応募資格は20歳以上の男女。独立行政法人国際協力機構（JICA）が業務を行う。３ヶ月の訓練後，原則として２年間派遣される。

（上松信義）

第4章　少子高齢社会と福祉

1　少子高齢社会の現状と見通し

　人口問題は，人間・人権の尊重，地球環境，異文化理解等と並んで人類に共通する課題であり，現代日本のキーワードの1つである。

　世界的な人口問題の当面の課題は，発展途上国に生じている爆発的な人口増加である。これが食糧供給量からみた限界点に達する時期と先進諸国の高齢化のピークを迎えるのが，この21世紀なのである。

　この時代を健康で，快適な，充実した生活を送れるよう，これらの課題を自分たち一人ひとりの問題として目を向け日本国民であるとともに「地球市民」として手をとりあって解決していくことが求められている。

　ここでは，わが国の少子高齢化の実態をさぐり，社会構造の変容やライフサイクルの変化に社会福祉がどのようにかかわって進展しているのかを白書等から概観する。

　みなさんは，さらに自分の地域の実態の要因や背景，取組みや今後の見通しのなかから課題をとらえ調査・研究を進める。課題に取組む際には，根拠を具体的に確かめ，総合的な視野から，社会福祉の在り方や地域社会の在り方等を自分たちなりの提言としてまとめたいものである。そして，この演習を通して自己実現に向けての自分の生き方の羅針盤や児童・生徒と共に学んでいく"からだづくり"になることを願うものである。

1　高齢化速度の国際比較

　国連の1998（平成10）年の推計で，地域別に高齢化率の今後の推移をみると，これまで高齢化が進行してきた先進地域はもとより，開発途上地域も21世紀には急速に進展すると見込まれている。とりわけ中国，韓国では，2050年頃には，先進地域に迫る高齢化の水準となるものと見込まれている。

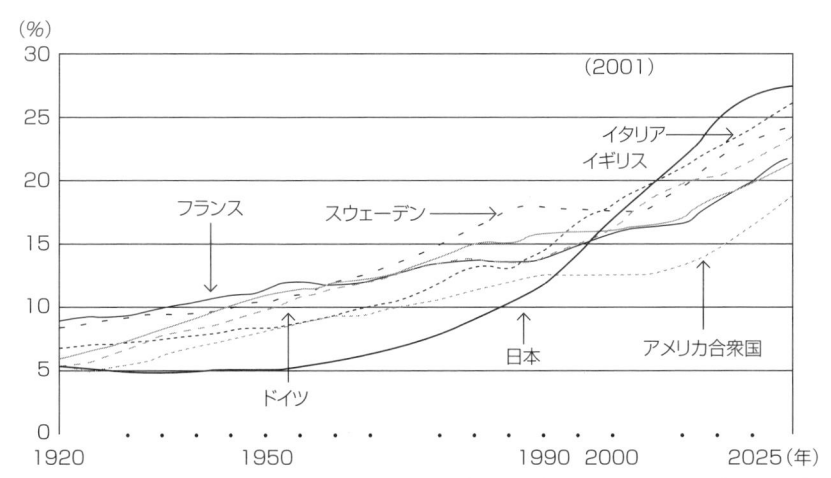

出所：日本——「国勢調査」,「推計人口」(2000年は9月15日現在), 国立社会保障・人口問題研究所「日本の将来推計人口——平成9年1月推計」(中位推計)
　　　その他——各国の統計年鑑および国連資料,「World Population Prospects (1998)」

図2.4.1　65歳以上人口の割合の推移の国際比較

　わが国の65歳以上人口の割合は，2001（平成13）年には17.9％となり，主要国のなかで最高水準となり，世界のどの国もこれまで経験したことのない本格的な高齢社会を生きていくことになったのである。

　65歳以上人口の割合が7％から倍の14％（高齢社会）に達するまでに要した年数をみると，スウェーデンでは85年，イギリスでは47年，フランスでは115年を要している。わが国の場合，1970（昭和45）年の7.1％から1994（平成6）年に14.1％となるのは，わずか24年である。

　国立社会保障・人口問題研究所の推計によると，わが国の65歳以上人口の割合は，今後も上昇を続け，世界に例をみない速度で高齢化が進行することを予測している。

2　わが国の高齢化の推移

　わが国の総人口に占める65歳以上人口の割合（高齢化率）の推移をみると，第1回国勢調査が行われた1920（大正9）年以降，1950（昭和25）年頃までは5

単位：千人（高齢者人口、65〜74歳人口、75歳以上人口）万人（総人口（ ）内）

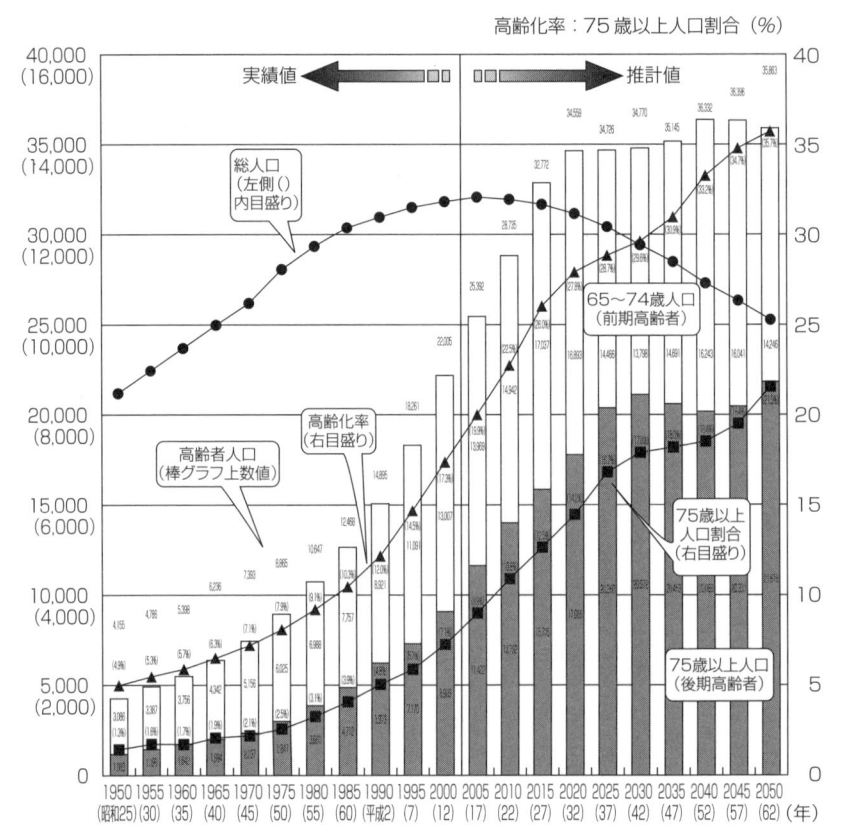

高齢化率：75歳以上人口割合（％）

図2.4.2　わが国の高齢化の推移と将来推計

注：1955年の沖縄は70歳以上人口23,328人を前後の年次の70歳以上人口に占める75歳以上人口の割合を基に70〜74歳と75歳以上人口に按分した。
出所：2000年までは総務省「国勢調査」、2005年以降は国立社会保障・人口問題研究所「日本の将来推計人口（平成14年1月推計）」

％程度で推移していたが、その後は年を追って上昇し、1985（昭和60）年には総人口の10.3％となり、総人口の10人に1人を占めるようになった。この割合は近年では毎年0.5ポイント程度上昇しており、2000（平成12）年には17.3％になり、総人口の5.8人に1人の割合となった。2003（平成15）年には19.0％となっている。高齢者人口のうち、前期高齢者（65-74歳）人口は、1376万人、後

期高齢者（75歳以上）人口は，1055万人となっている。

なお，全国の100歳以上の高齢者は，2003（平成15）年9月現在で2万人を超え，1995（平成10）年に1万人を突破してから，わずか5年で2倍になるという急速な増加傾向を示している。

国立社会保障・人口問題研究所の推計によると，65歳以上人口は2020（平成32）年まで急速に増加し，その後はおおむね安定的に推移する一方，総人口が減少に転ずることから，高齢化率は上昇を続け，2015（平成27）年には26.0％となり，4人に1人が65歳以上，2050（平成62）年には35.7％となり，国民の約3人に1人が65歳以上に達すると見込まれている。

都道府県別の高齢化率は，三大都市圏で低く，それ以外の地域で高くなっている。1975（昭和50）年の高齢化率による市区町村の分布は，10-15％未満を中心に集中していたが，2000（平成12）年には，高齢化率20-25％未満が最も多く，分布の広がりも大きくなっている。平成12年現在，最も高い島根県で24.8％，最も低い埼玉県で12.8％となっている。今後，高齢化率はすべての都道府県で上昇し，2025（平成37）年には，最も高い秋田県で35.4％，最も低い沖縄県でも24.0％に達すると見込まれている（『高齢社会白書』（平成16年版））

3　労働力人口の高齢化

2003（平成15）年の労働力人口総数（15歳以上労働力人口）は，6666万人であったが，そのうち65歳以上は489万人であり，7.3％を占めている。
この労働力人口総数に占める65歳以上の者の比率は，1980（昭和55）年4.9％，1985（昭和60）年5.0％，1995（平成7）年6.7％，2000（平成12）年には7.3％に達し，2015（平成27）年には10.9％，2025（平成37）年には11.0％と推計され，労働人口の高齢化は着実に進み，労働人口総数が減少していくと予想されるなかで，今後一層進展していくものと見込まれる。

高齢者の就業状況について，『高齢社会白書（平成16年版）』では，男性の場合，就業者の割合は，55-59歳で89.9％，60-64歳で，66.5％，65-69歳で51.6％となっている。また，60-64歳の不就業者のうち5割以上が，65～69歳の不就業

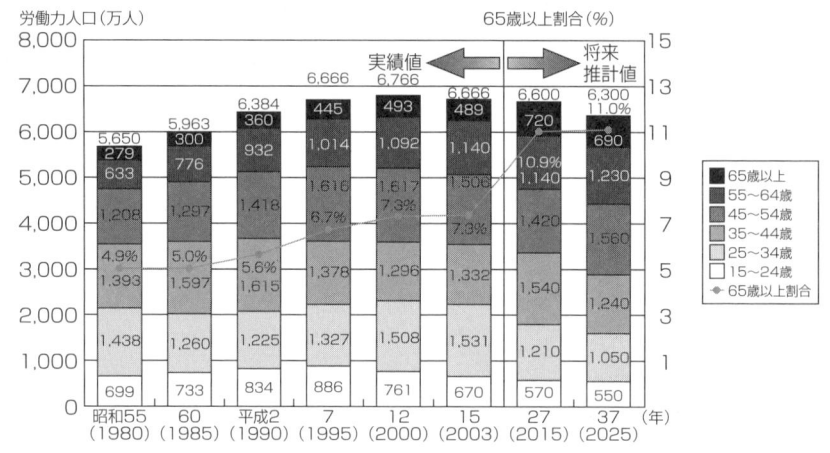

132　第2部　地球的視野に立って行動する資質能力を育てる学習

図2.4.3　労働力人口の推移と見通し

出所：2003年までは総務省「労働力調査」，2015年以降は厚生労働省推計

者（48.4％）のうち4割近くの者が，就業を希望している。

女性の就業者の割合は，60-64歳で41.5％，65-69歳で28.7％となっている。不就業者でも，60-64歳の不就業者（58.5％）の3割以上，65-69歳の不就業者（71.3％）の2割以上が就業を希望している。

定年後も働き続けられる制度整備をし，高齢者の豊かな経験から得られる知識，技術，技能を活用し，地域社会も高齢者も活気ある工夫を求められている。

4　社会保障給付と国民負担

年金・医療・福祉における社会保障給付をみると，2001（平成13）年度は，81兆4007億円であり，国民所得に占める割合は，1970（昭和45）年度の5.8％から22.0％に上昇している。高齢者関係給付費の内訳をみると，年金保険給付費が40兆6178億円と全体の4分の3弱を占めている。

5　高齢者と家族

65歳以上の者のいる世帯数は，2002（平成14）年現在1685万世帯であり，全

世帯数(4601万世帯)の36.6%を占めている。内訳は,「単独世帯」が341万世帯(20.2%)で初めて20%を超え,「夫婦のみの世帯」が482万世帯(28.6%),「親と未婚の子のみの世帯」が263万世帯(15.6%),「三世代世帯」が400万世帯(23.7%)で,三世代世帯の割合が低下し,単独世帯および夫婦のみの世帯の割合が大きくなってきている。

65歳以上の高齢者人口の占める一人暮らしの高齢者の割合は,1980(昭和55)年には男性4.3%,女性11.2%であったが,2000年(平成12)には男性8.0%,女性17.9%と顕著に増加している。今後も一人暮らし高齢者は増加を続け,特に男性の一人暮らし高齢者の割合が大きく伸びることが見込まれている。

2 少子高齢社会の要因と背景および影響

1 日本の人口変化

「少子社会」とは,合計特殊出生率が人口置き換え水準(2.08)をはるかに下回り,かつ,子どもの数が高齢者(65歳以上)人口よりも少なくなった社会の

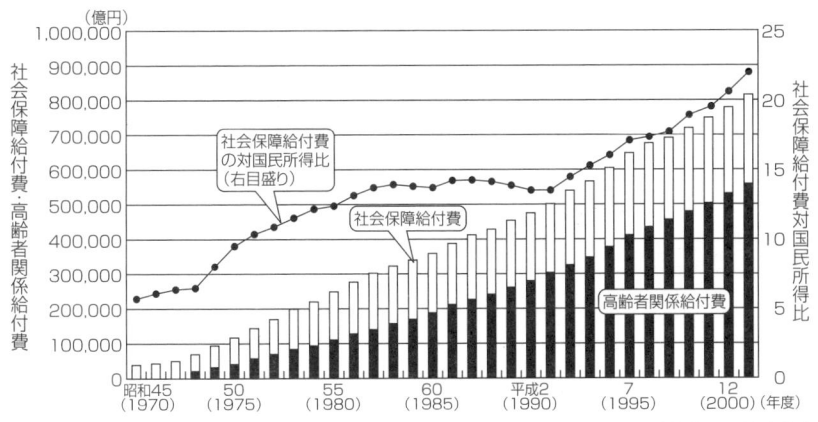

注:高齢者関係給付費とは,年金保険給付費,老人保健(医療分)給付費,老人福祉サービス給付費および高年齢雇用継続給付費を合わせたもので昭和48年度から集計
出所:国立社会保障・人口問題研究所「社会保障給付費」

図2.4.4 社会保障給付費の推移

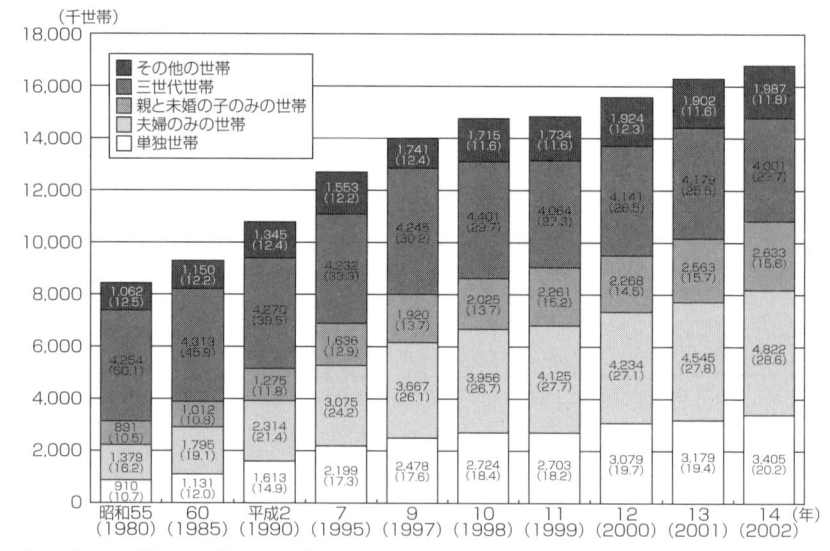

134　第2部　地球的視野に立って行動する資質能力を育てる学習

図2.4.5　世帯構造別にみた65歳以上の者のいる世帯数および構成割合の推移

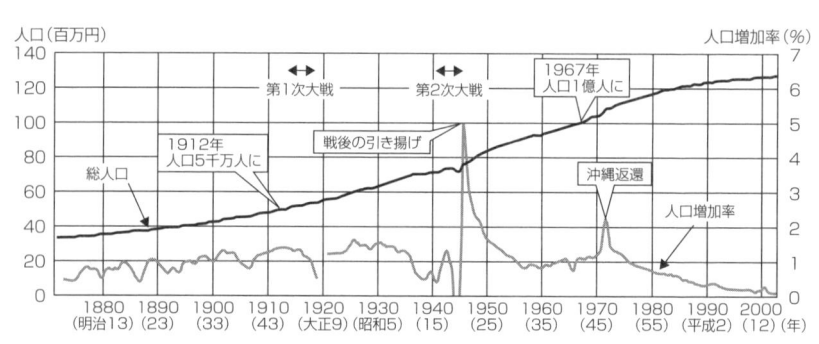

注1：1995年の数値は，兵庫県を除いたものである。
注2：（　）内の数字は，65歳以上の者のいる世帯総数に占める割合（％）
出所：1985年以前は厚生省「厚生行政基礎調査」，1986年以降は厚生労働省「国民生活基礎調査」

出所：内閣統計局「明治五年以降我国の人口」，総務省統計局「国勢調査」，「10月1日現在推計人口」

図2.4.6　総人口および人口増加率（1872～2003年）

ことである。わが国は，1997（平成9）年に子どもの数が高齢者人口より少なくなり，この年以降，少子社会となった。

1872（明治5）年日本の総人口は3480万人であった。その後毎年平均1％前後の伸び率で増加し，1967（昭和42）年には，1億人を超えた。2003（平成15）年では1億2760万人と，過去最高の人口となっている。しかし，まもなく，総人口が減少する「人口減少社会」を迎えようとしている。

第1次ベビーブーム期［1947-49（昭和22-24）年］の出生数は年間約270万人，第2次ベビーブーム期［1971-74（昭和46-49）年］には約200万人であったが，1975（昭和50）年に200万人台を割り込んでから出生数の減少が続いている。合計特殊出生率も，1970年半ばから約30年間，人口置き換え水準を下回っている。2003（平成15）年には，出生数は112万人，合計特殊出生率は1.29と，いずれも戦後最低の水準となった。

出生数の減少は，わが国の年少人口（15歳未満人口）の減少をもたらし，2004（平成16）年4月1日現在，1780万人，総人口比13.9％と，いずれも過去最低となっている。諸外国と比較しても，わが国が最も低い水準となっている。

2 少子化進行の理由

1980年代以降，25-34歳の未婚率が上昇しており，2000（平成12）年では，

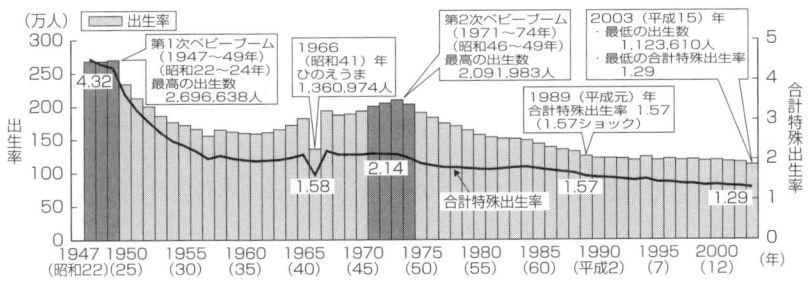

注：合計特殊出生率とは，15～49歳までの女子の年齢別出生率を合計したもので，1人の女子が仮にその年次の年齢別出生率で一生の間に産むとしたときの子どもの数に相当する。
出所：厚生労働省「人口動態統計」

図2.4.7　出生数および合計特殊出生率の推移

男性の場合，25-29歳では69.3％，30-34歳では42.9％，女性の場合，25-29歳では，54.0％，30-34歳では26.6％となっている。

わが国では，子どもは結婚によって生まれてくる場合が大半であるので，未婚化の進展が少子化につながっている。1970年代から2000年までの間に晩婚化の進展の速度が速くなっている。晩婚化により出生年齢が上がり，少子化につながっている。

生涯未婚率も近年上昇し，2000年では男性12.6％，女性は5.8％となっており，国民のすべてが結婚するという「皆婚社会」が崩れつつある。

未婚・晩婚の要因としては①育児に対する負担感，仕事との両立に対する負担感，②個人の結婚観，価値観の変化（女性の家庭外就労が進み，女性の経済力が向上，老後生活を支える存在としての子どもをもつ意識が低い，結婚に対する世間のこだわりが減少，独身生活の魅力が高まった結果，独身の自由を求めるようになったなど）③親から自立して結婚生活を営むことへのためらいなどがあげられている。

未婚率が上昇している25-34歳の独身の理由をみると「適当な相手にめぐり合わない」「必要性を感じない」「自由や気楽さを失いたくない」などが多くなっている。

3　少子化の要因の背景

『少子化社会白書』（平成16年版）では，少子化の要因の背景を次のようにまとめている。

① 社会の成熟化に伴う個人の多様な生き方の現われ
② 女性の社会進出が問題ではなく，「男は仕事，女は家庭」という固定的な男女の役割分業意識やその実態・仕事優先を求める雇用慣行や企業風土等，男性中心型の終身雇用，年功序列賃金体制のあり方の見直しを問いかけている
③ 快適な生活のもとでの自立に対するためらい
④ 現在，そして将来の社会に対する不安感

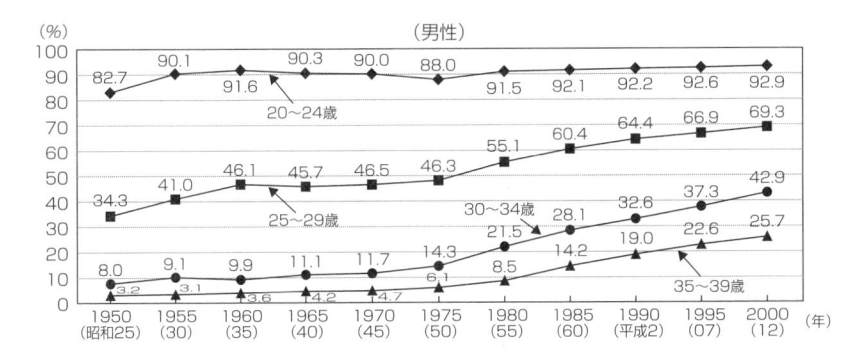

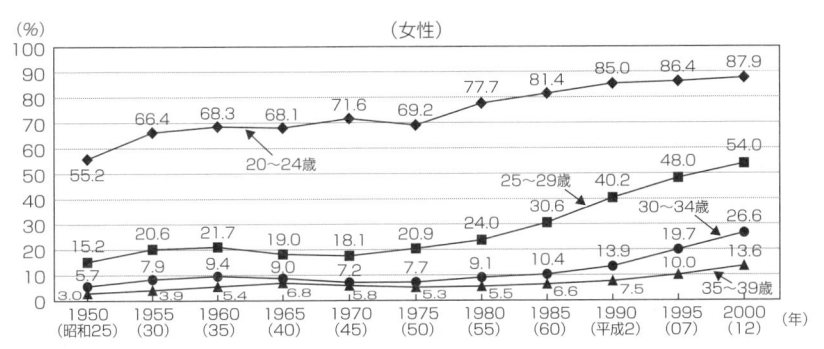

(男性グラフ)
20～24歳: 1950 82.7, 1955 90.1, 1960 91.6, 1965 90.3, 1970 90.0, 1975 88.0, 1980 91.5, 1985 92.1, 1990 92.2, 1995 92.6, 2000 92.9
25～29歳: 1950 34.3, 1955 41.0, 1960 46.1, 1965 45.7, 1970 46.5, 1975 46.3, 1980 55.1, 1985 60.4, 1990 64.4, 1995 66.9, 2000 69.3
30～34歳: 1950 8.0, 1955 9.1, 1960 9.9, 1965 11.1, 1970 11.7, 1975 14.3, 1980 21.5, 1985 28.1, 1990 32.6, 1995 37.3, 2000 42.9
35～39歳: 1950 3.2, 1955 3.1, 1960 3.6, 1965 4.2, 1970 4.7, 1975 6.1, 1980 8.5, 1985 14.2, 1990 19.0, 1995 22.6, 2000 25.7

(女性グラフ)
20～24歳: 1950 55.2, 1955 66.4, 1960 68.3, 1965 68.1, 1970 71.6, 1975 69.2, 1980 77.7, 1985 81.4, 1990 85.0, 1995 86.4, 2000 87.9
25～29歳: 1950 15.2, 1955 20.6, 1960 21.7, 1965 19.0, 1970 18.1, 1975 20.9, 1980 24.0, 1985 30.6, 1990 40.2, 1995 48.0, 2000 54.0
30～34歳: 1950 5.7, 1955 7.9, 1960 9.4, 1965 9.0, 1970 7.2, 1975 7.7, 1980 9.1, 1985 10.4, 1990 13.9, 1995 19.7, 2000 26.6
35～39歳: 1950 3.0, 1955 3.9, 1960 5.8, 1965 6.8, 1970 5.8, 1975 5.3, 1980 5.5, 1985 6.6, 1990 7.5, 1995 10.0, 2000 13.6

出所：総務省統計局「国勢調査」平成12年

図2.4.8　年齢別未婚率の推移

4　少子高齢化が地域社会に及ぼす社会的・経済的影響

　少子化による世帯規模の縮小，子どもがいる世帯割合の減少を通じ，単独世帯や一人親と子の世帯の増大等の世帯類型の多様化が進むとともに，児童数や小・中学校の減少，子どもの社会性発達に関する影響，地域社会の活力の低下など，さまざまな社会的影響があげられる。

　例えば，子どもの数や兄弟数の減少は，子ども同士が切磋琢磨し社会性を育みながら成長していくという機会を減少させ，自立したたくましい若者へと育っていくことをより困難にする可能性がある。

　少子化の経済的影響として，生産年齢人口や労働力人口の減少を通じて，経

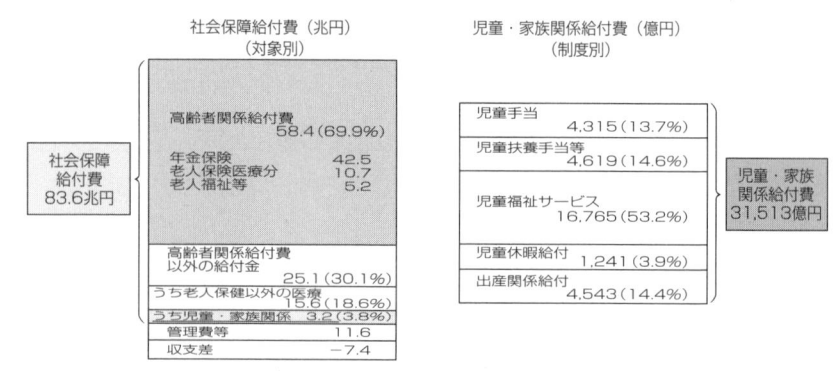

138　第2部　地球的視野に立って行動する資質能力を育てる学習

```
社会保障給付費（兆円）          児童・家族関係給付費（億円）
    （対象別）                      （制度別）

                              児童手当        4,315 (13.7%)
     高齢者関係給付費               児童扶養手当等
        58.4 (69.9%)                       4,619 (14.6%)
社会保障  年金保険        42.5                             児童・家族
給付費   老人保険医療分  10.7   児童福祉サービス              関係給付費
83.6兆円 老人福祉等       5.2          16,765 (53.2%)     31,513億円

                              児童休暇給付  1,241 (3.9%)
     高齢者関係給付費         出産関係給付
     以外の給付金  25.1 (30.1%)         4,543 (14.4%)
     うち老人保健以外の医療
                 15.6 (18.6%)
     うち児童・家族関係 3.2 (3.8%)
     管理費等      11.6
     収支差       -7.4
```

注：「児童・家族関係給付費」は、社会保障給付費のうち、医療保険の出産育児一時金、雇用保険の育児休業給付、
　　保育所運営費、児童手当、児童扶養手当等である。
出所：国立社会保障・人口問題研究所「社会保障給付費」

図2.4.9　社会保障給付費における児童・家族関係給付の位置（2002年度）

済成長率等経済の活力に対するマイナスの影響、消費や貯蓄に対する影響があげられる。生産年齢人口が減少していくなかで、一定の経済成長率を維持していくためには、技術革新や規制改革、若年者の労働能力の開発、中高年者の労働能力の再開発等、労働生産性を高めていく取組みが必要になってくる。

社会保障給付費の増大に伴い、労働力人口1人当たりの社会保障負担も増加していくため、社会保障制度における給付と負担の公平や、現役世代の負担増を緩和していくための制度見直しや給付の効率化が不可欠である。また、現在の社会保障給付のなかで大きな比重をしめている高齢者関係給付を見直し、これを支える若い世代や将来世代の負担増を抑えるとともに、少子化対策に関する施策を充実させる必要があると白書は述べている。

少子化や人口減少が急激に進めば進むほど、それに対応した経済社会システムの構築が困難となる。総人口や生産年齢人口の急激な低下を招かないためにも、出生率の低下を反転させていく取組みが必要である。

わが国初の『少子化社会白書（平成16年度版）』では、第2次ベビーブーム世代（1971-74年）の女性が出産年齢期にある2005（平成17）年から5年間が人口減少の「流れを変えるチャンス」としている。

少子高齢化の進行は，とりわけ，高齢者世帯の割合の高い過疎地域に集落やコミュニティの崩壊，地域活力の低下といったより深刻な事態をもたらしている。過疎地域市町村における高齢化に関する取組みとしては，「高齢者の生きがい対策の充実」，「高齢者介護の地域での取組み」，「高齢者の意識・技術・経験の活用」，「伝統文化継承活動支援」に効果があると考えられている。地域全体で高齢者を支え合うわけであるが，その場合，高齢者を弱者として見るのではなく，高齢者の人間としての尊厳を守り，「元気で健康な高齢者」に地域を支えてもらうという視点の転換が重要であろう。

3 社会福祉と地域福祉の推進

1　社会福祉は基本的人権

　日本国憲法では，次のようにのべている。

　第25条（生存権，国の生存権保障義務）　すべての国民は，健康で文化的な最低限度の生活を営む権利を有する。

　②　国は，すべての生活部面について，社会福祉，社会保障及び公衆衛生の向上及び増進に努めなければならない。

　つまり社会福祉とは，健康で文化的な生活を保障するものである。それが，基本的人権としてとらえられていることが重要である。しかも他の人権のなかでも，まず生命と暮らしを保障するこの人権は，最優先，最重要といえよう。

(1)　社会福祉の"福祉"のとらえ方

　社会福祉とは，"福祉"をめぐる社会方策・社会的努力といえる。では，どのような内実を"福祉"と呼ぶのか，多くの試みがある。福祉を英語では"welfare"という。well は快い，満足な状況を表し，fare は状態，旅路ひいては人生行路を表す語として使われている。エンゲルの法則を統計的に見出したエルンスト・エンゲルは，「日常生活要求の充足であり，また充足のための努力である」と述べている。

(2) 自立をめざす社会福祉

福祉とは，幸福をつかむための生活面の状況そしてその努力過程を指す用語である。かつて日本の社会福祉の先駆者高山しげりが述べたように「わが幸をわが手に」するための努力であり，"自立"への努力過程でもある。

それはアメリカの自立を目指す障害者運動が提起しているように，自己選択，自己決定，自己管理，自己実現できるような生活を目指し，それを推進，援助することが社会福祉であるともいえる。日本でも，2000（平成12）年に社会福祉事業法から社会福祉法に名称を変えた。その第3条では，福祉サービスの基本理念を明確にし，利用者が自立した日常生活を営むことができるよう，良質かつ適切なものでなければならないと述べている。

なお，社会福祉すなわち福祉をめぐる社会方策あるいは社会的努力という意味は，個人のみの方策あるいは個人的努力すなわち"自助"を指すのではない。"自助"を促進する，つまり個人の方策や個人的努力を支援する意味での協力や協同，すなわち"互助"や制度的な援助，政策などによる"他助"とりわけ"公助"を意味するのである。

(3) 福祉は文化，人権文化

社会福祉の"福祉"の内容は，その国の歴史的状況や風土等を反映して展開される。わが国の社会福祉の理念も，経済的救済から自立生活支援へと変化している。自立生活には，精神的，身体的，社会関係的な自立が含まれている。

かつてイギリスの元首相チャーチルは，「その国の高齢者の状態をみると，その国の文化がわかる」と述べていた。現在の日本では，人口減少高齢社会を目前にして社会福祉，社会保障の見直しが行われているのはそのためである（2004年12月に介護保険制度改革案が厚生労働省から公表された）。われわれはこの言葉のもつ意味を，しっかりと見極めることが肝要である。福祉は，その国の文化の程度を現す状況としても認識されているのである。

2　国の「社会福祉基礎構造改革」について（中間まとめ）

1998（平成10）年「社会福祉基礎構造改革について（中間まとめ）」が報告さ

れた。その資料リード文には「私たちの社会福祉は第2次世界大戦後，生活困窮者の保護，救済を中心として開始されました。時代の経過と共に，保護，救済とは別に，幅広い領域のサービスが求められてきました。次の社会に対応する多様な福祉の展開が必要です。福祉ニーズの多様化，利用施設の種類の増加，多面的な供給体制などから介護保険の導入をきっかけに行政が権力で措置をする福祉制度からの脱皮の検討も始まりました」とある。

　社会福祉基礎構造改革の必要性として，少子・高齢化の進展，核家族化や女性の社会進出による家庭機能の変化，障害者の自立と社会参加の進展に伴い，社会福祉制度も，限られた者の保護・救済にとどまらず，国民全体を対象として，その生活の安定を支える役割を果たすことが期待されていると述べている。社会福祉の基礎構造である社会福祉事業，社会福祉法人，福祉事務所等について戦後50年の間，基本的な枠組みは変わっていない。そこで社会福祉の基本構造全般に抜本的な改革を実行し，強化を図っていく必要があるとしている。

　改革の理念は，個人が人としての尊厳をもち，家庭や地域のなかで，障害の有無や年齢にかかわらず，その人らしい安心のある生活が送れるよう自立を支えることで，次のような基本方向に沿った改革を進める必要があるとしている。

- サービスの利用者と提供者との間に対等な関係を確立
- 保健・医療・福祉の総合的サービスが効率的に提供される体制を利用者の最も身近な地域において構築
- 多様なサービス提供主体の参入を促進，サービスの質と効率性の向上
- サービス内容や評価等に関する情報を開示し，事業運営の透明性を確保
- 増大する社会福祉のための費用を公平かつ公正に負担
- 地域に根ざしたそれぞれに個性ある福祉の文化を創造

　さらに，このような理念と基本方向に沿って，社会福祉事業の推進，質と効率性の確保，地域福祉の確立の3つの柱に分けて，制度の抜本的な改革のための次の措置を早急に講じる必要があるとしている。

3 社会保障制度の体系

　社会保障制度は，広く国民に健やかで安心できる生活を保障するものであり，それぞれのライフサイクルに応じてさまざまな制度が構築されている。年金制度は，稼働所得の減少や老齢による所得喪失に対して所得の補填を行うものであり，労働者が退職する60歳，65歳になって高齢者の生活を所得面で保障するものである。しかし，就労期においても重度の障害に陥ったり，死亡して妻や子どもなどの遺族が残されたりすることもあり，このため障害年金・遺族年金によって障害者と遺族の生活を所得の面で保障している。

　現行制度では，自営業者は国民年金，会社員は厚生年金，公務員は共済年金に分かれ，保険料も給付水準もまちまちである。2004（平成16）年6月に年金改革関連法が成立し，10月から施行され，年金財政を立て直すための改革が動き出したが，さらに公平で安定した制度への再構築を探っている。

　医療保険制度は，病気やけがをしても安心して医療サービスを受けることができるためのものであり，わが国では「国民皆保険」として，すべての国民がいずれかの医療保険制度に加入することによって医療の恩恵を誰もが享受することになる。老人保険制度は，主として70歳以上の高齢者を対象に高齢者にふさわしい医療を提供するために設けられていたが，2002（平成14）年10月からは対象年齢が75歳以上に引き上げられた。また，この老人保険制度は，健やかに老いるという観点から40歳以上の中高年層に対して健康づくりのための健康診査などを実施することになっており，医療保険制度は高齢化社会とともに老人医療に対応したものに変わってきている。

　2000（平成12）年4月からスタートした介護保険制度は，老人医療をさらに推し進めて，高齢化の進行による要介護者の増大に対応したものである。この制度は，それまでの老人福祉と老人医療に分かれていた高齢者の介護に関する制度を再編成し，社会保険方式による介護保険制度を創設することによって，利用しやすく公平で効率的な社会的支援システムを目指したのであるが，給付抑制を目指した改革案が2004年12月に公表され2006年実施する予定である。

　母子保健は，母性の保護と尊重，母性・乳幼児の健康の保持・増進の観点か

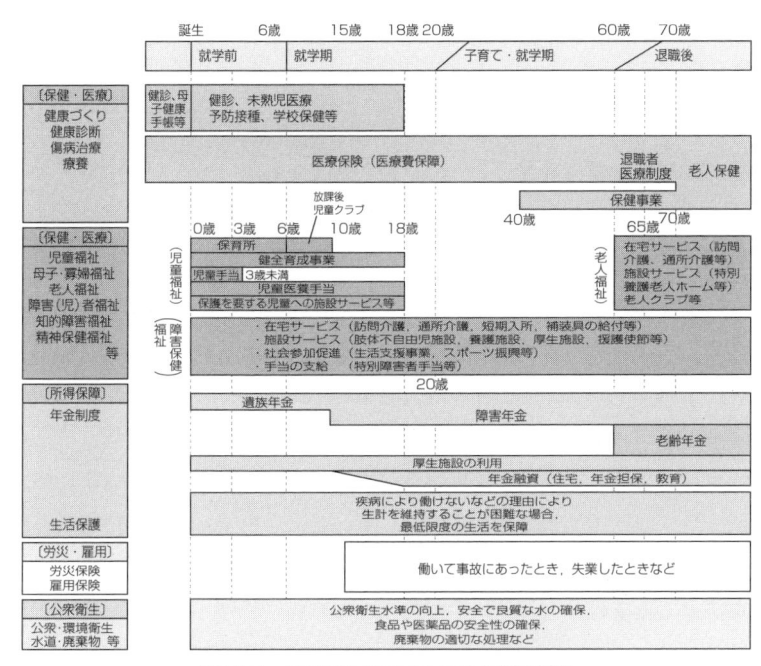

第4章 少子高齢社会と福祉　143

図2.4.10　国民の生活を支える社会保障制度

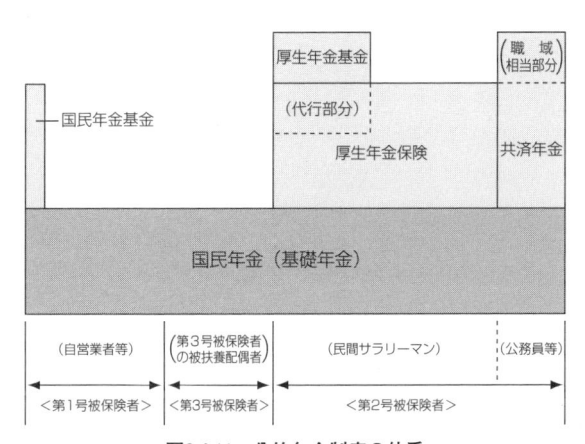

図2.4.11　公的年金制度の体系

ら妊娠，新生児，乳幼児期を通じて一貫したサービス体系が構築されている。その出発点は母子健康手帳であり，妊産婦健康診査のほか乳幼児，1歳6ヵ月児，3歳児，就学前の健康診査がなされ，必要に応じて保健指導や医療援護を行うなど総合的な健康管理システムが築かれている。

(1) エンゼルプランとゴールドプラン

児童福祉は，母子保健による母と子の健康の確保を踏まえて，児童の健全な育成の観点から提供されるサービスである。具体的には，母子家庭に対しては児童扶養手当が18歳に到達する年度の末日まで支給されるほか，次代を担う児童の健全な育成や資質向上のための児童手当が義務教育就学前の児童に支給されている。また，保育に欠ける児童の増進のためには保育所が整備されているほか，家庭や地域における児童の健全な育成の観点から児童館や児童遊園，児童育成クラブなどの整備が進められている。特に，少子化や女性の社会進出に伴い児童福祉もかつての保護的な福祉から多様な価値観とライフスタイルの変化を前提とした支援的な福祉への転換を求められ，子どもが健やかに生まれ育つための「新エンゼルプラン（重点的に推進すべき少子化対策の具体的実施計画について）」を1999（平成11）年に策定し，これまでに加え，相談・支援体制，母子保健，教育，住宅など総合的な実施計画をまとめた。このように児童福祉は，要介護高齢者問題とともに社会保障の大きな課題となっている。

老人福祉も今日では，単に弱者としての高齢者の保護にとどまらず，健康な高齢者についても豊かで生きがいのある老後生活を送ることができるという観点から，これまでの在宅福祉や施設福祉に加えて，生きがいと健康づくり推進や老人クラブによる地域福祉活動，シルバー110番による総合的な相談体制の確立など，さまざまな社会活動促進対策がされている。1994（平成6）年には，高齢者介護対策の重要性に基づきゴールドプランを全面的に見直した「新ゴールドプラン」が策定され，ホームヘルパーやショートステイなどの在宅サービス，特別養護老人ホームや老人保健施設，ケアハウスなどの在宅サービスの基盤整備等さらなる目標を掲げて進められた。そして，公的介護保険制度の創設に伴い介護サービスの供給体制の整備が必要となり，全国の市町村の介護保険

事業計画をもとに2000(平成12)年度から「ゴールドプラン21」として開始され，さらに改革が進行している。

4 地域福祉の推進

「地域福祉の推進」も「社会福祉基礎構造改革」で新たに盛り込まれた内容で，地域福祉の推進を図るために市町村は地域福祉計画を，都道府県は市町村地域福祉を支援するための地域福祉支援計画を策定することになった。従来の福祉行政計画の規定とは異なり，策定過程に住民や事業者の意見の反映を求めたり，計画の公表を義務づけたりするなど地方分権や住民参加を意図したものとなっている。

なお，地域福祉計画および地域福祉支援計画の策定は任意であるが，すでに策定されている老人福祉計画や障害者計画，エンゼルプランなどそれぞれの分野の計画を総合化するためにも策定されることが期待されている。

それは，老人，障害者，児童の各分野がそれぞれ計画をつくり出すようになると，やがてはそれを総合化すべき課題がでてくる。すぐに突き当たる問題は，全部の計画を合計すると予算に納まらないということである。別々の建物施設が本当に必要かどうか，多目的施設でよいのではないか。分野ごとに所管する地域が別になっていて不都合はないかなどの課題が出る。その他には，一連の福祉法改正によって，民間事業者が福祉分野に参入するようになると，行政だけが頑張れば福祉サービスが調整できるということにならなくなる。また，住民参加による学習過程と批判過程を通じて福祉計画の総合調整が行われることで，他分野についての理解が深まり，無駄を省きながら地域にとって最もよい体制をつくる方向が模索されれば，地方分権の意義も一層深まることになる。社会福祉法における地域福祉計画の規定は，2003(平成15)年4月1日から施行された。

なお，地域福祉計画の策定の参考とするために，社会保障審議会福祉部会は，「市町村地域福祉計画及び都道府県地域福祉支援計画策定指針の在り方について(一人一人の地域住民への訴え)」を2002(平成14)年にとりまとめている。

5　地域福祉推進の背景と必要性

「市町村地域福祉計画及び都道府県地域福祉支援計画策定指針の在り方について（一人一人の地域住民への訴え）」の「はじめ」に地域福祉推進の背景と必要性を次のように述べている。

「我が国において，かつての伝統的な家庭や地域の相互扶助機能は弱体化し，地域住民相互の社会的なつながりも希薄化するなど地域社会は変容しつつある。少子高齢社会の到来，成長型社会の終焉，産業の空洞化，そして近年の深刻な経済不況がこれに追い打ちをかけている。このため，高齢者，障害者などの生活上の支援を要する人々は一層厳しい状況におかれている。

また，青少年や中年層においても生活不安とストレスが増大し，自殺やホームレス，家庭内暴力，虐待，ひきこもりなどが新たな社会問題になっている。他方で，近年，市町村の福祉施策が盛んになり，ボランティアやNPO法人なども活発化し，社会福祉を通じて新たなコミュニティ形成を図る動きも顕著となっている。

こうした相矛盾する社会状況の中で，市町村を中心とする福祉行政の役割は極めて重要となっており，加えて地域住民の自主的な助け合いなどの意義も益々大きくなっている。」

先の中央社会福祉審議会社会福祉構造改革分科会の報告においては「社会福祉の基礎となるのは，他人を思いやり，お互いを支え合おうとする精神である。その意味で，社会福祉を作り上げ，支えていくのはすべての国民である」と述べているが，国民生活の安心と幸せを実現するためには，自立した個人が地域住民としてのつながりを持ち，思いやりを持って共に支え合い，助け合うという共に生きるまちづくりの精神が育まれ活かされることが必要不可欠である。

今こそ，共に生きる町づくりの精神を発揮し，人々が手を携えて，生活の拠点である地域に根ざして助け合い，生活者としてそれぞれの地域で誰もがその人らしい安心で充実した生活が送れるような地域社会を基盤とした福祉（地域福祉）の推進に努める必要がある」と訴えている。

6 一人ひとりの地域住民の参加と行動

これまでの社会福祉は，一般的には行政から地域住民への給付という形をとってきた。しかし，個人の尊厳を重視し，対等平等の考え方に基づき，地域住民すべてにとっての社会福祉として，かつ，地域住民すべてで支える社会福祉に変わっていかなければならない。そのためには社会福祉に対しての地域住民の理解と協力，つまり地域住民の参加と行動が不可欠なのである。

この際，社会福祉を限られた社会弱者に対するサービスとしてではなく，身近な日々の暮らしの場である地域社会でのさまざまな人々の多様な生活課題に地域全体で取り組む仕組みとしてとらえ直し，地域住民としてこれらの多様な生活課題に目を向け自発的，積極的に取り組んでいくことが大切である。また，社会福祉を消極的に単なる特定の人に対する公費の投入と考えるのではなく，むしろ福祉活動を通じて地域を活性化させるものとして積極的な視点でとらえていくことである。

7 地域福祉推進の理念

今後の地域福祉推進の理念としては，少なくとも次の点に留意することが重要である。

(1) 住民参加の必要性

例えば，障害や性，年齢が異なることなど，人間はそれぞれ異なるわけであるが，個人の尊厳，その人が生きる価値などの点においては，皆平等であり，すべての地域住民が地域社会の一員としてあらゆる分野の活動に参加する機会が保障されなければならない。

こうしたことは，生活課題をもつ人自身が，権利の主体としてそれを求めることのみではなく，他の地域住民も，それを当然のこととして支持すると共に「一緒になって，それを実現することが当然であり，それが地域社会のだれにとっても望ましい社会なのだ」という地域社会の共通の価値観をもたなければ達成できない。

したがって，地域福祉とは住民の主体的な参加を大前提としたものであり，

地域福祉計画の最大の特徴は「地域住民参加がなければ策定できない」ことにある。地域住民の主体的参加による地域福祉計画の策定・実行・評価の過程は，それ自体，地域福祉推進の実践そのものである。

(2) 共に生きる社会づくり

すなわち，地域福祉においては，差異や多様性を認め合う地域住民相互の連帯，心のつながりとそのために必要なシステムが不可欠であり，例えば，貧困や失業に陥った人々，障害を有する人々，ホームレスの状態にある人々等を社会的に排除するのではなく，地域社会への参加と参画を促し社会に統合する「共に生きる社会づくり（ソーシャル・インクルージョン）」という視点が重要である。さらに，さまざまな権利侵害に対して，全体として権利を擁護していく地域住民の活動とシステムが不可欠である。

(3) 男女共同参画

地域福祉を推進する諸活動は，男女共同参画の視点に立脚して展開される必要がある。「男女が，社会の対等な構成員として，自らの意志によって社会のあらゆる分野の活動に参画する機会が確保され，男女が均等に政治的，経済的，社会的及び文化的利益を享受でき，かつ共に責任を担う」ことは重要であり，そのため，男性も女性も共に日々の暮らしの基盤である地域社会の生活課題に目を向け，その解決のための意思決定，諸活動に参画することが期待される。

(4) 福祉文化の創造

地域住民が，自らの生活基盤である地域社会での生活課題やそれに対応するサービスの現状，果たすべき役割などを，自らの問題として認識し自らがサービスの在り方に主体的に関わり，サービスの担い手としても参画していくことが重要である。こうした地域住民による生活に根ざした社会的活動の積み重ねが，それぞれの地域に個性ある行動様式や態度を育み文化（福祉文化）を創造していくことにつながる。

（瀬尾京子）

第5章　家庭のあり方と教育

1 家庭の変化——核家族化と少子化

　戦後わが国は高度経済成長とともにめざましい発展を遂げ，世界有数の経済大国と呼ばれるほどになった。このことは現在の子どもを取り巻く一番身近な環境である家庭生活をも大きく変化させた。

　第1次産業の社会から第3次産業の社会への「社会の構造変化」，少子化による「人口構成の変化」など多くの変化をもたらした。このような急激な社会の変化は，ライフスタイルの多様化をもたらし「核家族化」や「少子化」の問題を引き起こしている。そもそも家庭は，人間にとって最も基本的な生活の場所であり，家族の一人ひとりがそれぞれ異なった条件を所有しながら，人間的に強く結び合って営まれる共同生活の集団である。つまり，歴史のなかでさまざまに内容は変化したものの，人間がいつの時代においても家庭を形成し，そこを基礎として生活を行ってきたのであるから家庭が人間にとって重要な意味と機能，働きをもっているのは当然のことである。

　ここでは，現代社会における子育て，教育の場面に関わって，まず「核家族化」と「少子化」を中心に考えてみることにする。

1　家族とその機能

　子どもの成長・発達にとって家族の重要性はいうまでもないが，それは子どもがこの世に生まれてはじめて出会う，かかわる集団が家族であること，さらに多くの場合，生涯にわたって家族を基盤にして生活を営むことから明白であるといえる。

　家族の機能については，古典的分類としてG・マードックによる性的機能，経済的機能，生産的機能，教育的機能の「四機能説」やT・パーソンズによる社会化とパーソナリティの安定化の「二機能説」が有名である。これらの分類

においては，家族構成員間での相互扶助や親を中心とした子どもの社会化，成長発達への支援が位置づけられている。

クーリー（C.H.Cooley,1864-1929）は彼の有名な社会集団の分類のなかで，家族集団，遊戯集団，隣人集団のように，血縁あるいは地縁のような自然的，運命的帯によって結ばれた諸集団を「第一次的集団（the primary group）」と呼び，これに対して，特定の目的を達成するために人為的に結成された諸集団を「第二次的集団（the secondary group）」と呼んだが，テニエスの分類によれば，これらはそれぞれ「運命共同体（Gemeinschaft）」と「利益共同体（Gesellschaft）」と名づけられている。今われわれが家族集団と遊戯集団の教育機能を明らかにする場合，その機能は必然的に，この２つの集団の以上のような位置づけを念頭に置かなければならない。

あらゆる社会集団のなかでおそらく家族集団ほど，その成員間の結びつきが強固であり，永続的な集団はないであろう。それは家族構成員が，親子兄弟，あるいは夫婦という，血縁もしくは性的関係という自然的，運命的な絆によって結ばれているからである。またこのことはこの集団構成員の接触様式を他のあらゆる集団にもまして全面的かつ直接的にさせる。同じ屋根の下に住み，同じ食卓を囲むという物質的基礎を同じくするだけでなく，精神的に苦楽を共にする共同体である。子どもたちはこのような特質をもつ家族集団のなかに生をうけ，その最も柔軟性に富んだ時期をここで過ごすことになる。

人間という動物ほど親の保護と扶養を必要とする幼児期の長い動物はない。一瞬といえども親の保護と扶養なくして幼児の生存はおぼつかない。しかし，一般に幼児期の長い動物ほど未来において無限の価値可能性を発揮する動物なのである。このように考えると家族集団は幼児にとっておそらく唯一の，そして最も強力な人間形成作用をなす集団であって，基本的な生活習慣をはじめとして，言語の習得，道徳的，情意的な態度面の基礎がここで与えられ，パーソナリティの基本構造は一応ここで定型化されるといって過言ではない。「三つ子の魂百まで」という諺があるが，まさにこのことを述べたものであろう。

しかしここで重要なことは，このような人間形成作用は意図的，計画的であ

るというよりはむしろ，無意図的に，親子兄弟の共同生活の過程のなかで，その集団のもつ根源的機能として黙々と進行することである。ここではお互いに，教育し教育されているという意識はない。しかもこのような人間形成作用は家族集団のもつ全面的かつ直接的な接触様式を通じて永年にわたって進行するものであるが故に，子どものパーソナリティは大きな力をもって一定の刻印をうけるのである。

家族の機能はその形態と同様に，その時代や文化によって大きく変化するものであるが，さらにここではこれまでの機能説を総合して今日の家族が果たしている機能について山縣文治が集約している5点を紹介しよう。

第1は，「性的機能」である。結婚という制度は，その範囲内において性を許容するとともに婚外の性を禁止する機能を果たしているということである。

第2は，「経済的機能」であり，共同生活の単位としての家族は，生産と消費の単位としても機能し，家族の生活の維持を図るものである。

第3は，「情緒安定機能」であり，家族の空間は，外部世界から一線をひいたプライベートな場として定義され，安らぎの場・憩いの場として機能するということである。

第4は，「社会化機能」である。人間は最も高い知能をもった動物であるといわれるが，この知能の高さの一面は，学習して適応する能力である。家族が一緒に生活し，そのなかで子どもを育て，社会生活を営む人間として教育する機能をもつのである。このような機能を通じて，子どもは家族のなかで社会生活能力や人間性を形成し，文化を内面化して社会に適応する能力をつけていくのである。

第5は，「保護機能」あるいは「保健医療機能」である。

以上のような機能は，あらゆる家族に普遍的なものであるが，今日の家族の現状は多様化しており，これらの機能も果たせなくなっていることも多いといえよう。

2 「核家族化」の進行と「少子化」

「核家族（nuclear family）」とは，一組の夫婦とその子どもからなる社会集団で，人間社会に普遍的に存在する最小の親族集団である。

わが国においては，高度経済成長を契機として，産業構造の急激な変化が起こった。1955（昭和30）年以前には，第1次産業就業者が50％前後の割合で推移していたのに対して，1955年以降は，その割合が低下しその反面第3次産業就業者の割合が上昇したのである。さらに，人口の都市集中，雇用労働者の大幅な増加によって地方の過疎化をもたらした。いわゆる労働力移動の社会問題である。

以上のような社会変化が「核家族化」を生み出したのであるが，このことによって家族の生活の姿は大きく変化し，子どもたちは，兄弟姉妹の数も少なくなるうえ，乳幼児や高齢者のような自分と年齢の異なったいわゆる異世代の人々と触れ合う機会が少なくなった。このことから，家庭の教育力の低下は大きく進行しており，今後はさらに深刻化しそうである。このような家庭の変化は，子どもの発達環境としての家庭の役割の弱体化の一つといえよう。

3 少子化と子育て

さらにわが国の子ども数は現在減り続けている状況にある。1990（平成2）年には，「1.57ショック」が大きな問題になったが，これは女性が一生の間に生む子どもの数の平均を示す合計特殊出生率の値が，過去最低の1.57となったことを示したものである。いわゆる「少子化」という社会現象である。わが国の出生数は，1973（昭和48）年以降ゆるやかな減少傾向となり，合計特殊出生率も1973年の2.14以降低下を続け，2001（平成13）年には1.35，2005（平成17）年には，1.25となった。

この合計特殊出生率の数値が2.1を下回ると，人口が減少し，このまま低下が続いていくと，若年産業人口が減少し，わが国の経済力や社会の活力に大きな影響を及ぼすことから専門家の間でも問題視されている。

そもそもこの出生数の減少は，子どもを産む年代の女性の数の減少，女性の

社会進出や女性の婚期が遅くなったこと,未婚率の上昇,さらに出産,育児をすませた女性が早々と就職先に復帰したり,再就職することなどさまざまな要因によって進行している。

以上のことから,「少子化」が進み,家族は小規模化している現状にある。この「少子化」が,子どもの成長,発達に与える影響としては,兄弟姉妹との関わりが少なく子どもの社会性が育たなくなったり,たくましさなども失われるといわれる。さらに,自分のことだけしか考えられないようなわがままな子どもが増加している。したがって,子どもの健全な成長,発達を考えるならば,これまで以上の子育てへの理解と支援が求められるのである。

4 エンゼル・プラン,新エンゼル・プランによる家庭支援への取り組み

現在の少子化社会のなかでは,子育てについて社会全体で支援を図ることが叫ばれ,さまざまな方策が示されている。

政府は,少子化対策の推進の一環として,子育て支援に積極的に乗り出した。この子育て支援は,国民の子育てに対する公的な支援強化のニーズのなか,1994年,「21世紀福祉ビジョン(高年齢化社会福祉ビジョン懇親会報告)」を土台とし,当時の文部省,厚生省,労働省,建設省の4省が各大臣合意のもと策定された「今後の子育て支援のための施策の基本的方向について」を発表するに至った。これは一般的に「エンゼル・プラン (Angel plan)」と呼ばれているもので,親が安心して子どもを出産し育てていける良好な環境を整備し,子育てを社会的に支援するため教育,福祉,雇用,住宅などのあらゆる分野から総合的に考えた対策の基本的な方向が示された。

「エンゼル・プラン」の具体的視点は,安心して出産や育児ができる環境をつくることや,家庭での子育て支援のためのよりよいシステムづくり,子育て支援の施策における子どもの利益の尊重が強調された。この重点課題の実現を目指し,厚生省では1995-1999年度まで「緊急保育対策五ヵ年事業」として多様な保育サービスの充実を目指し,低年齢保育や延長保育さらに一時的保育をはじめとした保育システムの多様化,弾力化を実施した。

さらに1999（平成11）年には，「少子化対策推進関係閣僚会議」での「少子化対策推進基本方針」を受けて，大蔵・文部・厚生・労働・建設・自治の6省の大臣の合意による「重点的に推進すべき少子化対策の具体的実施計画について（新エンゼル・プラン）」が策定され，5年間の計画が発表されたのである。この「新エンゼル・プラン」は，少子化対策推進基本方針を受けエンゼル・プランの後期計画として位置づけられたものである。

「新エンゼル・プラン」の主たる内容として，保育サービス等子育て支援サービスの充実，仕事と子育ての両立のための雇用環境の整備，働き方についての固定的な性別役割分業や職場優先の企業風土の是正，母子保健医療体制の整備，地域環境の実現，教育に伴う経済的負担の軽減，住まいづくりやまちづくりによる子育ての支援があげられている。

今後もさらなる子育て支援サービスの充実に対してさまざまな方向から積極的な取り組みが期待されている。

2 子育て支援と保育所の役割

保育所における子育て支援は，1997（平成9）年の「児童福祉法」の改正に伴って大きく進展をみた。この「児童福祉法」は児童福祉に関する総合的な基本法として1947（昭和22）年に制度化されたもので，すべての児童における権利の実現を目指し，児童の生活すべてに対し福祉の増進を図ることが国民の義務であるとしている。

制定後初めての大幅な改正となった「児童福祉法」であるが，この改正の背景として山縣文治は『現代保育論』のなかで，以下の3点について明快に示している。

第1は，「少子高齢社会の到来」であり，合計特殊出生率（一生の間に女性が産む子どもの数）の低下にみられる少子化をあげている。第2は，「国民のニーズと行っているサービスとの間にズレが生じてきたこと」をあげ，子どもの虐待，子育て不安などにみられる複雑なケースや親への支援が必要なケースの増

加や不登校ならびにひきこもりなどの問題をはじめとした現代のわが国が抱えている今日的な問題への対処法が求められたとしている。さらに第3には、「国際動向としての、児童の権利に関する条約の国連総会での採択（1989年）と、わが国の批准（1994年）および国際家族年（1994年）」である。いわゆる主体としてとらえる「ウェルビーイング（Well being）」の理念も大きく関わっている。

このような背景をもとに「児童福祉法」が改正され、このことによって、保育制度が見直され、保育施設が本来の業務に支障をきたさない範囲において地域の実情に応じた子育て支援活動を行うことが求められた。

保育所が実施する実際の子育て支援には、保育所に地域子育て支援センターを設置して育児不安などについての相談や適切な指導を行ったり、子育てサークルの育成や支援、ベビーシッター等の情報の提供など多様な地域に根ざした子育て支援が展開されている。さらに、低年齢児保育や、延長保育などの多様なニーズに対応して特別保育事業についても積極的に取り組んでいる。

以上のように、保育所は地域における子育て支援サービスの中核的な存在として機能しており、今後さらに地域子育て支援に果たす役割は重要なものとなってゆくであろう。

3 家庭の教育力と母親・父親の役割

1　家庭の教育力

現在の家庭をめぐる状況は、核家族化の進行、父親の存在の低下、地域社会の教育力の衰退などのさまざまな要因によって良い状況とはいえない。特に母親を取り巻く環境は、多くの問題によってなかなか改善されない場面が多い。このようななかで、母親は、孤独と不安のなかで家庭生活を送り、育児に携わっている場合も多い。

子育ては「大変だが、嬉しい時や楽しい時も多い」、「不安も沢山あるが、子どもは本当にかわいい」「子育てがいやになることもある」といった母親の率直な意見は事実そのものである。このことが解決されないまま深刻化すると、

育児不安や育児困難の問題を引き起こすのである。育児不安に関しては，若い母親の3分の2が不安を感じているといわれており，その原因については，親も子どもも話し合ってくれる人が少なく，孤立した状況が生じていることが指摘されている。さらに，子どもに関わるのが初めてである母親や，家事，育児の経験が希薄な母親が戸惑ったり，思ったようにうまくいかない場合に，子育てが上手にできないのは自分だけではないかと一人で思い込んで悩んだり，ストレスを感じたりすることもあげられる。現代社会においては母親の多くが乳児や子どもの世話をしたり近くで子どもと関わりをもつような場面が少ないのである。さらに親への準備が全くなされず結婚したり，いわゆる"できちゃった結婚"のような場合に多く見られる未成熟の母親の問題もあげられる。

いま一つは今日の情報化社会の弊害である育児情報の氾濫と子育てのマニュアル化の問題である。すなわち，育児に関する書籍，インターネットを中心とした育児情報のみに依存した子育てを行う母親の増加傾向である。育児雑誌やインターネットによる情報は子育てを行ううえで重要な情報源であることはいうまでもないが，情報過多によってかえって子育てに混乱をきたしたり，情報と自分の子育てを単純に比較して一人で深く悩む母親も多いようである。さらに子育てのマニュアル化が進行しており，ますます母親の育児不安は大きくなるのである。

2　子育てにおける母親・父親の役割

子育てにおいては母親の存在が非常に大きい。このことは子ども自身が母親と父親に抱いているイメージでも母親の方が強く，影響力も大きいことから十分理解できる。母親は子育てに対してとりわけ重要な役割を担っているといえよう。

教育学において著名なペスタロッチ（J.H.Pestalozzi, 1746-1827）は家庭における母親の在り方について著書『シュタンツだより』（1799年）のなかで「母の目」と表現している。そこでペスタロッチはよりよい子どもの家庭環境は「居間にいる母の目が毎日毎時，その子の精神状態のあらゆる変化を確実に彼の目と口

と額から読む」ように子どもをしっかりと理解しなければならないことを明確に示している。このペスタロッチのいう「母の目」は，その子どもがもっているかけがえのない「人間性」を見出してあげ，見守り続けていく目であると理解されるのである。

　このことと関連して今日の子育てにおける母親の役割を論じる場合，触れなければならないのが，母親の過剰支配の問題である。いわゆる親と子どもの関わりの形や程度が極端であることから「過干渉」といわれる。このことは現在の問題だけではなく，古くから問題とされてきた。この問題について深く鋭い洞察を行ったヘルバルト（J.F.Herbart, 1776-1841）は「子どもの感情をわがものとしてすっかりとらえてしまい，この絆で子どもの心を縛り，子どもが自分自身を知る余裕を持てないほどに，その心情をたえず揺り動かしている」ことを問題にして親が子どもの心をとらえて，自分の思いのままにすることを厳しく批判したのである。

　現代の親子関係においては放任と同時にこの過干渉，母親の過剰支配も大きな課題となっている。

　一方，子どもと父親の関わりについては，子どもと直接接触する時間が母親と比べて少ない。そのうえ，子育てにおける「見えない父親」が示すように，物理的な不在のみならず，精神的な面での不在も重要な要因となっている。ペスタロッチは「父の力」という言葉を用い父親の家庭での在り方を明瞭に解説している。

　それは，父親の「厳しさ」と「重み」という力である。この「厳しさ」とは単に怖いという意味ではなく，世の中から客観的に子どもを見ていく立場であり，「重み」はほんものの権威を示したものである。

　したがって，父親の存在は，子どもの社会化にとってきわめて重要な役割をもつものである。

（森山賢一）

第3部　演習形式の進め方

第1章　教師の職務と演習

1 教師の職務と演習

　教師の職務のなかで話をしたり聞いたりする部分の占める割合が大きい。授業は無言では成り立たない。児童・生徒に伝えたいことの多くは言葉で伝えられる。PTAの会合などで保護者に話をする機会も多い。地域の人々に学校の様子や知らせたいことを話す場合もある。学年や分掌の会議，全体の職員会議で発言したり，討論することもある。始業式や終業式，入学式に卒業式では管理職や来賓の話を児童・生徒とともに聞く立場になる。学級担任になると学校行事などの取り組みのため，クラスとしての企画や意見をまとめる必要も出てくる。保護者会でも意見をまとめる場面がある。地域の住民のなかには児童・生徒の校外の行動で苦情を持ち込む場面もある。

　とにかく，教師の仕事は，ただ授業を担当するだけではすまない多様な職務がある。そのなかで話したり，聞いたり，討論したりということが相当の比重を占める職業である。「総合演習」のねらいは，多様な演習を経験することによって，教職で予想されるさまざまな場面に対応できる資質・能力を身につけようとするものである。それぞれの演習のもつねらいや方法を理解し，実践することにより教師に望まれる資質・能力を身につけてほしい。

2 ディスカッション

1　ディスカッションの意義とねらい

　ディスカッション（discussion）は，話し合い，討議，論議などのことをいう。

テーマをしぼって話し合うこともあれば、何が課題なのか漠然としたまま話し合いに臨むこともある。ディスカッションをしていく過程で課題や対応策が明らかになっていく。ディスカッションに参加している人々の間に共通理解が図られ、意思統一が図られていく。ディスカッションで他の人の発言を聞くことにより、自分にはない視点、自分より深い洞察力、観察力などに気づかされる。一人で考えたり、判断しようとするより、多角的な視点をあてることにより課題が浮き彫りとなり、理解も深まる。その結果、対応策もより適切に具体化されてくる。これがディスカッションの意義でありねらいである。

2 ディスカッションの進め方

　ディスカッションの意義やねらいを理解していれば自ずとディスカッションに臨む態度も明らかになる。学校には多数の児童・生徒が通学しており、一人ひとりが何らかの課題を負っている。学校が教育効果を高めるのは当然のこととして、設置者である教育委員会や理事者からも多様な課題が出されてくる。ディスカッションをするのは、日々、学校に起こるさまざまな課題にどのように対応するか、解決策を探るためである。

　限られた時間を有効に活用するためには、参加者が効率的で建設的なディスカッションを心がける必要がある。発言をする場合は論旨を明確にして、わかりやすい言葉で簡潔に表現する。聞く立場にあるときは、発言の趣旨をよく理解するようにする。発言している人の地位や日常の言動で先入観をもつことのないよう、論旨の是非を判断するようにする。反論を述べる必要があれば相手の論旨の不十分な点、矛盾している点などを率直に述べる。

　自分の発言に対して反論を受けることも当然起こる。反論を受けたことによって自分を見失い、感情的になったり、自分の意見に固執するようなことは避けなければならない。なぜ反論されたのか、論旨のどの部分を反論されたのかを冷静に見極めることが望まれる。相手の反論に納得がいかなければ、どうして納得できないか、納得できない部分と理由を相手やその他の人にわかるように話さなければならない。反論のなかに肯定できる部分があれば率直に受け入

れるべきである。このような論議を深めていく過程で課題の分析，今後の対応策などが具体化されていく。

　課題の内容が深刻で奥深いものであれば建設的なディスカッションを重ねたとしても容易に対応策が見出せない場合もある。理想的な対応策が見当たらない，あるいは実現不可能であるとしたら，次善，三善の策を模索する。当面の対応策と中長期的な展望をもった対応策など，緊急の対応策と時間をかける必要があるものとに分けて考えることも必要である。

3　分科会方式

　学校の職員会議などは全職員が一同に会して会議が開かれる。議題は協議事項と報告事項がある。協議については緊急性や重要度の程度に応じて検討が行われる。学校規模と職員の数にもよるが，通常，全員の発言を求める時間的なゆとりはない。限られた発言者の意見などを参考に，協議事項に対する賛否を問われたときは挙手などで意思表示する。

　ディスカッションをするには適切な人数がある。参加者の数が多くなればなるほど発言の機会は少なくなる。大きな会場で多数の参加者を対象に行われるパネルディスカッションは別として，50名前後の参加者でディスカッションを行う場合，10名以下ぐらいの小グループに分ける分科会方式にするのが望ましい。分科会ではよほどのことがない限り，参加者全員の発言が可能となる。多角的な視点で課題に対応するというねらいは多少損なわれるにしても，全体会で他の分科会の報告を聞くことで，ある程度は補われる。

　ディスカッションに参加する以上，何らかの考えをもって臨んでいるわけであるから，他の人と同じ意見であるとしても自分なりの言葉で述べることが望ましい。ごく少数の人の発言や意向で安易に方向性を打ち出すのではなく，いろいろな立場や考え方の集大成が普遍性のある対応策になっていく。

4　司会の役割

　会議には議長がいるが，ディスカッションでは分科会も含めて進行役の司会

がいるほうが進行がスムーズである。ディスカッションの成否は司会の肩にかかっているといっても過言ではない。

　司会の役割で大切な点は，あまり意図的に論議の方向性をリードしないことである。誰のどのような発言に対しても公平に取り扱うことが望ましい。ただし，論議の内容がどの方向に向かおうとしているのかの見極めは必要である。ともすれば枝葉末節のことにこだわったり，本筋と離れた揚げ足取り的な発言が出ることもあるし，個人攻撃的な発言が出ることもある。あまり好ましくない雰囲気であれば軌道修正が必要である。

　参加者の人柄にもよるが積極的に発言を繰り返す人と，何か言いたそうな素振りは見せるものの発言しない人もいる。司会は論議の方向性に気を配ると同時に参加者が平均して発言するような気配りも必要である。意見が分かれたとしても無理にまとめる必要はない。課題の内容によって意見が分かれるのは当然のことである。なぜ分かれているのか，どの部分で意見が分かれるのかを明らかにすればよい。ただし，一見ばらばらのように見える意見であってもジグソーパズルでパーツを組んでいけば一つの形として完成するように，意見を組み合わせれば方向性が出る場合もある。単に発言者を指名して次の発言を待つだけでは司会としては物足りない。個々の意見が全体のどの部分になっているのか，あとどこを補えば完成に近づくのかも思案しながら発言を受け止めるようにしたい。ディスカッションが内容のあるものになれば，司会が事前に想定していた以上の成果が得られる場合もある。

　ディスカッションの進行を務めながら司会が忘れてならないのは時間である。時間がきたから打ち切りというのは簡単であるが，司会を務める以上，常に時間配分を考えながら進行を管理する。発言の多い人にブレーキをかけ，少ない人にアクセルを踏む，意見が割れているにしてもそのことを分科会のまとめとする参加者の同意を得る必要がある。制限時間がきてから分科会の意向をまとめるようでは，時間通りに終了した他の分科会参加者を待たせることになり，全体会の時間も圧縮してしまう。時間管理は司会のたいせつな役割である。

5 記録の役割

公的な会議でなければ記録がなくてもディスカッションをするだけでよい。しかし，何回か続く会合や職員会議のような会議は記録が欠かせない。人の記憶は時間の経過とともにあいまいになる。長い時間をかけて出した結論でも参加者の受け止め方は一律ではない。これはあのときの会議で決まったことだからと言っても，いやあれはそこまでは決めていなかったなどの相違は日常よく起きる。速記録のようにする必要はないにしても主要な意見と決定事項は記録に残し，参加者で確認しておくとその後のトラブルを防ぐことができる。

3 ディベート

1 ディベートの意義とねらい

ディベート（debate）は討論することをいうが，普通，課題に対する賛否の立場を明らかにして公開の場で議論を戦わせる場合をディベートと呼んでいる。ディスカッションとの違いは，与えられた課題についてディベートの参加者が，はじめから賛否の姿勢を明らかにしたうえで討論に臨むことである。一般的な会議とも異なるのは，会議の場合，出席者の意見の相違があってもどこかで妥協するとか一致点を見出そうとするが，ディベートの場合，あくまでもそれぞれの正当性を主張して論争する点にある。ディベートは競技としても行われる。論旨の内容や組み立て方，表現力や説得力，対立する相手への反論とそれへの対応などで優劣や勝敗を競う。

ディベートを行う場合，賛否いずれかの立場で課題の内容を掘り下げ，論拠に必要な資料の収集と分析を行い，主張すべき論理を効果的に組み立てて説得力があるように表現する。一方の側は，相手の論理と反対の立場を鮮明にして討論を行う。相手の論理の矛盾点や根拠に乏しいこと，論理の飛躍やすり替えなどを見抜いて正当性を崩そうとする。反論を受けてさらに反論に対する答弁を行う。双方が相手の論理を崩そうとして討論するのがディベートである。したがって，自分の論理を攻撃に耐えるよう緻密に組み立てるのはもちろんのこ

と，予想される反論についても事前に考察を加え，反論に対する反論も十分に練り上げておく必要がある。

　競技としても行われるディベートの意義やねらいは，課題に対する事前の取り組み，論理の構成力と表現力，論争の過程での理解力や集中力，分析力などを身につけることであり，一つの課題についても多様な見方があることを思い知らされ，多角的な視点や複眼的な思考が大切であると認識することである。学校の授業でディベートを取り入れた場合，生徒自身が考え，討論することにより，確実で深い理解をもたらす効果を期待できる。

　ディベートを行う場合，討論のテーマを論題というが，論題は賛否いずれの側にも相当の根拠を有する内容に設定するのが望ましい。国レベルの政策決定や意思表示であれば，首相公選制の導入，憲法や教育基本法改正，死刑制度の廃止，自衛隊の海外派遣などがあり，地方自治体レベルでは，町村合併，学校の統廃合，ごみ処理施設の建設などがあげられる。学校で行う場合，制服自由化，修学旅行や遠足の廃止，出席簿における男女の扱いなどがあり，各教科の授業においても教科・科目の特色を生かした論題の設定が考えられる。

　学校のホームルーム活動を活性化させるねらいや授業の学習効果を高めるねらいでディベートを行う場合，競技的に勝敗にこだわるディベートは経験を重ねてからにする。競技ディベートから始めると，勝敗を意識して討論が感情的になったり，しこりを残したりする。賛否の論争をするため，意見への反論が攻撃されることの恐怖感になったりする。はじめはディベートそのものへの理解を図り，参加すること，判定することへの興味・関心をもたせるようにする。まず，論題に向き合う姿勢や論旨の組み立て方，表現方法，反論の仕方と反論を注意深く聞いて理解し切り返す力などを身につけさせる。賛否にかかわらず中立的な立場の生徒も置いて，討論の成り行きに注目させ，討論の内容や表現力に対する判断力を養うようにする。

2　競技ディベート

　ディベートへの理解を深め，簡略的なディベートを行うためにも，競技ディ

ベートがどのように行われるかみておきたい。ディベートの試合形式をフォーマット（format）といい，主催団体などで用語の使い方や競技の進め方に違いがある。ここでは関東地区の大学にある雄弁会・ディベート団体の集まりである全関東学生雄弁会のフォーマットを参考例として紹介する。

まず論題をディベート参加者にいつ示すかによって，競技前に明らかにして必要とする資料の収集や調査が可能なリサーチ・ディベートと競技当日に論題が発表されるインスタント・ディベートとがある。時間的にゆとりのあるリサーチ・ディベートであっても，賛成か反対かのどちらになるかは競技開始直前に示されるから，リサーチは両方の立場に備えて行う。

(1) **立論と用語**

ディベートを行うとき基本となる主張を立論という。例えば「首相の公選制導入」という論題に対して，賛成の立場では，導入した場合どのような利点（メリット）があるか，否定の立場では，どのような弊害（デメリット）が予想されるか主張することが立論である。賛否双方がそれぞれの立論をもとに討論を行う。ディベートの立論は形式が決まっている。賛成の立場では立論において，語句の定義，基本理念，プラン，サブプラン，論点（クレーム，発生理由，重要性の3要素で構成）を提示しなくてはならない。否定の立場でも論点を提示し，場合によって対案となるカウタープランを作成する。それぞれの用語には次のような内容を含んでいる。

① 語句の定義：論題で使われている言葉や事項などを定義し，議論する内容を明確にする。「首相の公選制導入」の場合，想定する公選の方法などを定義する。賛否双方で描く概念が異なると議論がかみあわないからである。

② 基本理念：賛成の立場にたつとき，判断のよりどころとする理念を示して議論を明確にする。基本理念を示さなくても立論できるが，「首相の公選制導入」に賛成するのは「民意の正確な反映を基本理念とする」からである，と主張する。

③ プラン：論題を具体化したもの。内容によって「首相の公選制導入」の

論題をそのままプランにすることもできる。賛成の立場では立論で必ずプランを提示しなくてはならない。
④ サブプラン：プランの補助的な提案。「首相の公選制導入」というプランについて，公選の具体的な方法や罷免に必要な手続きなど。
⑤ クレーム：メリット，デメリットなどの論点の名称をいう。「首相の公選制導入」について，メリットは「国民主権が明確になる」，「選挙への関心が高まる」など，デメリットは「人気取り的な政策になる」，「選挙運動が激化する」などを指す。
⑥ 発生理由：プランからクレームが発生するプロセスを論じたものを発生理由と呼び，内因性と問題解決性が必要とされる。内因性とは，プランの実施によりメリット，デメリットが固有に発生することを示す要素を指す。問題解決性とは，プラン実施により，論点の示すメリットまたはデメリットが論理の飛躍なしに示されている要素のことを指す。多くの場合，発生理由には根拠となる証拠資料をつけることが要求される。
⑦ 重要性：主張するメリット，デメリットが，それぞれいかに重要であるかを立証するためのもの。数量化して示すことができるものは数量化する方が説得力を増す。

(2) 競技の進め方
ディベート競技にはフォーマットによりルールが定められ，競技の手順と制限時間が決められている。
① 賛成側立論：プランの実施によりどのようなメリットがあるか主張する。
② 否定側尋問：あとの反駁にそなえて質問する。賛成側は必ず答える。
③ 否定側立論：否定の立場からプランのデメリットを主張する。
④ 賛成側尋問：賛成側が後の反駁にそなえて質問する。否定側は必ず答える。
⑤ 否定側第一反駁：賛成側立論を論理の飛躍や矛盾点などについて攻撃する。
⑥ 賛成側第一反駁：否定側立論を攻撃するとともに否定側反駁に対応する。
⑦ 否定側第二反駁：否定側が第一の応酬に即して再度賛成側主張を攻撃する。
⑧ 賛成側第二反駁：賛成側が第一，第二の応酬から否定側主張を攻撃する。

以上のような手順で競技を進めるが，途中，作戦タイムをとることもできる。

(3) 競技の判定

勝負の判定は審査員（ジャッジ）が行う。議論の流れをメモしたチャートをもとに，ルールに照らして論点ごとに賛成の立場と否定の立場のいずれの主張が優れていたかを検証していく。賛成の立場が防衛できた論点（メリット）の総量と否定の立場が防衛できた論点（デメリット）の総量を数量化して，残った論点の多い方が勝ちとなる。

4 ロール・プレイ

1 ロール・プレイの意義とねらい

ロール・プレイ（role play）あるいはロール・プレイング（role playing）とは，あるテーマについて自分とは異なる立場の人物になり，その役割（role）を演じる（play）ことから，役割演技とか役割実演法と呼ばれている。幼児が行う"ままごと遊び"のような"ごっこ遊び"の大人版ともいえる。教師と生徒や親と子が立場を入れ替えて役割を演じたり，社員同士で消費者や取引先の社員の役割を演じたりする。ロール・プレイを行うことにより，自分と異なる立場の人の発想や思考方法を理解できるようになり，それまでの自分の言動や考え方を反省するきっかけになったり，視野を広げ指導力や包容力を身につけるなどの効果を期待できる。心理療法で治療法の一つとして取り入れられるとともに，社員教育や管理職教育の一環として行われる場合もある。ディベートは論題に対して賛成か反対かの立場を明らかにして討論をしたが，ロール・プレイは，賛成，反対の立場にこだわらず，本来の自分ではない役割を演じるなかから何かをつかもうとするところに特徴がある。

ロール・プレイに対する知識がなくても，日常，人は何らかの役割を無意識のうちに演じている。すなわち，学生とか教師，父親や母親，社員や店員，上司や消費者などそれぞれの立場で行動している。それは演技ではなく，自然にとられている行動であるが，それぞれの立場に対する暗黙の期待に応えようと

する行動でもある。学生は勉学に励み，教師は聖職で品行方正な行動をとるものだとか，父親はある種の威厳をもち，母親は愛情豊かに子に接するとか，上司は統率力や決断力に優れているなどの期待感である。

　期待感に沿った行動が順調に行われているときは支障はないが，難しい状況に置かれて期待に沿う行動がとれなくなったとき不都合が生じる。教師が担任のクラスが学級崩壊して指導力を発揮できず生徒や保護者の信頼を失う，取引先とのトラブルに上司として適切に対応することができず，部下や取引先の信頼を失うなどの不都合である。困難な場面に遭遇しても適切に対応できる力を身につけるため，あるいはすでに不適応な状態にあるところから回復を図るためなどの目的でロール・プレイが行われる。

2　ロール・プレイの進め方

　ロール・プレイが心理療法の治療として行われる場合，患者が不適応を起こしている場面で役割を設定する。親子関係や夫婦関係でトラブルを起こしているのであれば，親と子の立場や夫や妻の立場を入れ替えて役割を演じさせる。学校教育の場面であれば生徒と教師の立場を入れ替えてみる。役割を演じるときはその人物になりきることが大切である。演技のなかで本来の自分なら言いそうもない言葉で話したり，思いもつかない発想で表現する場面が出てきて自分自身が驚く。それをきっかけに以前の自分の発想や価値観が自己中心的であったり，視野の狭いものであったことなどに気がつく。対人関係のトラブルを解消するのに，原因と対策を相手方ばかりに求めていた自分の行動を反省し自らの考え方や価値観を修正することが不適応解消のきっかけとなり，治療の効果となる。

　教育の一環としてロール・プレイを行う場合，将来に予想される困難な場面への適応力を身につけるのがねらいである。カウンセラー養成の場合，患者であるクライエントの問題を的確に把握して効果をあげるため，共感的理解をするためにロール・プレイを行う。クライエント役の演技が真剣であればカウンセラー役の応対もリアルなものにならざるを得ない。

社員教育の場合，上司の役，他の職種の役，消費者の役，他社の社員の役などを演じることで相手の立場になって物事を考えたり，言葉遣いに気をつけたりという訓練になる。管理職教育の場合，組合との団体交渉の場などを想定して，リストラや合理化反対など緊迫した応酬場面をリアルに演じることで管理職として望まれる対応策や決断力，説得力などの資質を身につけることができる。いくらロール・プレイを重ねても現実の厳しさは想像以上で大きな効果は期待できないという見方もできるが，いざとなったら練習して身についたことしか本番で出てこないということもある。

3　ロール・プレイのモデル案

　ロール・プレイを行う場合，場面設定や役割を決めたら後は即興で進行することができる。台本はないから決められた役割になりきることから言葉や動作が生まれるようにする。台本はないものの，ある程度の状況設定をした方がロール・プレイの効果が高くなることもある。場面設定と役割演技をする人の人物設定である。役割シートによって演技する人の立場や考え方を，ある程度具体的にしておくことで演技しやすくなる。数名でロール・プレイを行う場合，参加者がそれぞれの役割をスムーズに演じることが望まれる。

(1)　場面設定

　学校教育の現場で起こりうる学年末の様子について，場面設定と役割シートを参考にロール・プレイをしてみよう。場面設定や登場人物などは変更しても構わない。A高校のある年の学年末，英語の成績が不振な2年生のB男は進級が微妙な立場に置かれていた。英語担当のC教諭はB男の進級は認めがたく，原級留置が相当と考えていた。B男のクラス担任D教諭は，B男も含めてクラス全員揃って進級させたいと願っている。B男の父親は学校からの連絡に狼狽しながら駆けつけてきた。母親はある程度の予測はしていた。

　A高校の校長室。B男は両親とともに学校に呼ばれて校長室にいる。話の進行はF教務主任，同席しているのはG校長，C教諭，D教諭である。F教務主任からB男と両親に対し，A高校における成績評価，進級・卒業に関する内規，

この年度におけるB男の学習態度と英語の評価について説明が行われ，1科目であっても単位不認定の場合，進級が難しいとの見通しが話される。関係者全員が校長室にそろったところからと想定してロール・プレイを始める。

(2) 役割シートによる人物設定

B男：基礎学力はあり性格もわるくはないが，だらしない一面もある。中学時代から英語を苦手としており，2年に進級するときも英語は追試で合格した。2年進級後しばらくは緊張していたが，夏休みをはさんで気が緩み，前年と同じ状況を招いた。英語のレポートで未提出のものもある。

C教諭：英語科の教員としてB男が英語を苦手にしていることは承知していた。1年と同じことを繰り返すまいとC教諭なりにB男に救いの手をのべてきた。テストの点数不足を補うつもりで提出を求めたレポートが未提出のうえ，断りにも来ない。1科目であるがB男の単位を認めず，原級留置にするのがB男のためでもあり，他の生徒に対してけじめになると考えている。

D教諭：B男の入学以来の担任として，卒業まで全員そろって進級するのを目標にしてきた。B男以外の生徒については進級の目処がついた。B男1人を落とすわけにいかないと考えている。それに内規とはいえ，1科目でも単位不認定であれば進級を認めないとするA高校の規定に疑問を抱いていた。D教諭の前任校では3科目以上不認定の場合，進級の是非について審議するというのが内規であった。

B男の父親：下請企業の中間管理職として長引く不況の影響を受けて会社のことばかり気にしていた。毎日の帰宅も遅く，B男との会話もないまま学校のことは母親にまかせていた。B男の進級が危ないということで平日学校に呼び出され，めったに取ったことのない休暇を出したこともあり，不快な気持ちで校長室に来ていた。

B男の母親：父親ほどの驚きはなかった。B男が2年の秋以降遅刻が多くなり，学校生活に真剣に取り組もうとしない様子に不安を感じていた。父親に相談したいと思ったが，毎日遅い時間に疲れた様子で帰宅する姿に言い

そびれていた。

F教務主任：A高校の教育活動のかなめの立場にある者として，安易にB男の進級を認めるわけにはいかないと考えている。しかし，主任の研修会で他校の様子を聞いたりしているなかで，A高校の内規は厳しすぎるかもしれないとも考えている。

G校長：定年退職を目前にひかえ，この期に及んで生徒や保護者との間にトラブルを起こしたくないというのが正直なところである。最後の決断は校長の責務であるとしても穏やかにことが収まらないかと考えている。

5 スピーチ

1　スピーチの意義とねらい

　スピーチ（speech）とは話すことである。人は他の人に何かを伝えたいとき，文字や言葉を使う。言葉が伝達手段として使われたとき，話し手の意図が確実に聞き手に伝わるとは限らない。学校の授業やホームルーム活動において，教師は多くの言葉でさまざまな内容や情報を児童・生徒に伝えている。伝えた内容や情報が確実に児童・生徒に届いていれば学習成果は顕著に現れ，学校生活は円滑に行われる。しかし，届けたつもりの情報や指導内容は，教師の思い通りに伝わらないのが現実である。その場合，教師は，何回も繰り返し伝えたにもかかわらず指導内容や情報が伝わらないのは，聞き手である児童・生徒の聞き方，受け止め方がわるいと，原因を聞き手のせいにすることが多い。

　日常会話も含めて，多くの聴衆などに対して行われる講演や演説など，スピーチの目的は何らかのメッセージを聞き手に伝えることである。スピーチは言葉を使って行われる。言葉は，音として耳に届いただけでは不十分である。音として耳から入った情報が内容として心に届かなければ意味をもたない。ある商品のキャッチコピーに「心にひびく贈り物」というフレーズがある。スピーチで話された内容が耳から心まで届かなければ，聞き手の意識に留まることはなく，その場限りで消えてしまう。

英語ではスピーチを言葉で伝えることをデリバリー (delivery) という。デリバリーには話すことのほかに配達という意味がある。まさに話し手は聞き手の心に届くスピーチを心がけるべきである。学校の教育活動のなかで, 多くの場合, 教師は話し手である。聞き手である児童・生徒の姿勢や態度を責める前に心にひびく贈り物や配達ができたかチェックする必要がある。

スピーチについて学習するのは, どのようなスピーチが聞き手の心をとらえ, 伝えたいことが十分伝わるのかを理解するためである。上手なスピーチは, 話の内容が正確に伝わり, 長い間記憶されるとともに, スピーチを聞かなかった人にも伝えたくなる。

2　スピーチの進め方
(1)　スピーチは話すこと

はじめに触れたようにスピーチは話すことをいう。しかし実際にスピーチが行われる場面では, 話をするより読むことが多い。式典や行事で主催者や来賓の挨拶が行われる。多くの場合, 挨拶は, 用意した原稿が読まれている。来賓で招待されたがやむを得ぬ事情で本人は欠席, 代理の人が出席することもよく起こる。挨拶は預かった原稿を代読する場合が多い。来賓の数が多いほど代理出席の数も多くなる。原稿代読が続くと式典の盛り上がりに水をさす。

スピーチでメッセージを心に届けるには, 話し手は聴衆の目を見て話すことが大切である。「目は心の窓」という言葉もあるように, 目と心はつながっている。話し手が原稿に目をやるだけで聞き手の目を見ないのであれば, 心にひびく贈り物にするのは難しい。日本ではなぜか社会的地位がある人や公的な立場にある人の挨拶に原稿を読むことが多い。立場のある人が公式の場で不用意な発言をすると, 大きく報道されて思わぬ波紋を広げることがある。挨拶はメッセージを発信するより, 間違いがあってはならないことが優先される。リーダーシップは指導力 (leadership) を発揮することであるが, 原稿を読むリーダー (reader) では人の心をつかむことはできない。

(2) 3分の長さ

　スピーチの行われる場面では，同じ時間であっても話し手と聞き手では受け止め方が異なる。スピーチをする立場になると，3分で話してほしいといわれると，短すぎて言いたいことも言えない物足りなさを感じる。一方，聞き手の立場になると集中して聞いていられるのは3分までで，我慢しても5分が限界というように受け止める。スピーチが3分以内に納まれば話の内容はともかく，話し手に対する評価は好意的である。3分を越えてスピーチが続くと，スピーチの長さに反比例して評価は低くなる。長いスピーチに対し，多くのメッセージを受け取ったと好意的に評価するのは少数で，聞き手の大部分は話し手の独りよがりの行動に強い不満を抱く。講演などで時間を指定されている場合を除き，挨拶などは3分以内に収めるのが賢明である。

　時間の長さとともに聞き手の心に届くスピーチは，話す速さと言葉の量にも関係する。原稿の文字数で見ると1分当たり300字前後が聞きやすい言葉の量である。3分あれば900字程度の内容を話すことになる。無用な前置きや言い訳は省いて，必要な事項を的確にまとめれば3分は十分な時間である。よく練られた原稿をもとに落ち着いた語り口で聴衆の目を見てスピーチできれば，心にひびくメッセージとなる。

(3) ユーモアの効用

　葬儀の席などでなければスピーチにユーモアの要素があると聞き手の心をつかむことができる。スピーチのはじめにユーモアのある発言があると，会場がなごやかな雰囲気になり，聞き手の緊張がほぐれて肩の力が抜ける。話を自然体で受け止めることができるようになり，話し手も同じようにリラックスして話ができる。スピーチのテーマによって笑いが不謹慎であったり，ユーモアの入る余地がない場合もある。それでも工夫のしかたで緊張を解くことができる。スピーチ全体を見通したとき，固い内容に終始したのでは聞き手の集中力が持続しない。野球における投手の配球に緩急の差をつけるものと思えばよい。

　ユーモアは無理に笑いを求めるのではなく，聞き手の意表をつく場面でさらりと入れるのが効果的である。原稿が用意できたとき，どこにもユーモアの要

素がないとしたら，どこかにユーモア的な要素の入る場所がないか見直して，みるとよい。

(4) 話し上手は聞き上手

　スピーチの良否は話し手の技量に負う部分が多いが，聞き手の態度にも左右される。成人式の出席者のマナーがわるいことが話題になる。主催者や来賓の挨拶をはじめ記念講演の講師の話を聞こうとしない。これまで日本における式典等においては挨拶や講演は静かに聞くものというマナーが守られ，特に問題となることはなかった。そのことに甘えて話し手の方も聞き手への配慮に欠け，挨拶は原稿を読むことで済ましてきた。この積み重ねで式典や挨拶は堅苦しくてつまらないものという固定観念ができてしまった。日本人の一般的な傾向として，話し方も聞き方も上手ではないといえる。

　プレゼンテーションや対外的な交渉術などの能力を育てることを業務としているコンサルタント業などにおいては，話し方の指導をするほか，聞く力を身につけさせる指導もしている。長引く不況に苦しむ企業関係者に話術だけで相手を説得するのは至難の業である。いかに上手に話しをするかより，相手の胸の内をどれほど引き出せるかの方が，コンサルタント業務の成功率が高いという。コンサルタント業者にアイディアを求めながらも，企業自身も内面で解決策を模索している。漠然としたプランであっても，コンサルタント業者に話しているなかで，第三者の視点で構想が具体化して成案を得ることにつながる。

　スピーチとはいえない日常会話においても聞き上手になることは人間関係を円滑にするうえで効果的である。コンサルタント業ではなくてもスピーチをする人が，聞き手の胸の内を推し量りながら話すことを心がけていくと，成人式のマナーもしだいに是正されていくに違いない。

(5) 話の組み立て

　スピーチをするに当たり原稿を用意する。原稿を読むのは避けるべきだが，与えられた時間を有効に活かすには原稿は必要である。細かく時間設定をした式典などで，予定時間をオーバーして話しをする人がいる。一人の身勝手な行為のために式の進行が乱れ，多くの関係者に迷惑が及ぶ。

話の組み立て方は話し手の個性が現れる。一般的な構成案として「起承転結」がある。起承転結は漢詩の構成方法である。第1の起句で内容を歌い起こし、第2の承句で起句を受け、第3の転句で詩意を一転、第4の結句で全体を結ぶ（『広辞苑』）。漢詩に限らずスピーチにおいても効果的な順序立てである。英語のスピーチは、序論（Introduction）、本論（Body）、結び（Conclusion）という構成で行われる。序論においてスピーチのテーマとねらいを明らかにする。本論は主張したい内容をしぼり、結びで簡潔に要約する。いずれにしても自分にあったスタイルを考えて話を組み立て、原稿を用意しておく。

6 ワークショップ

1 ワークショップの意義とねらい

ワークショップ（workshop）の言葉の意味は仕事場とか作業場のことをいうが、研修会や研究グループの意味もある。教育活動においてワークショップは参加型学習方法のひとつとして取り入れられている。参加型学習に対するものとして受身型の講義中心の学習がある。課題解決を目的としてワークショップが行われることもある。その場合は会議形式と比較することができる。

ワークショップはグループ討議を進めるなかで参加者が意見や感想を述べ合い対立をこえて納得できる具体案に到達することを目的としている。講義形式の学習形態は、一人の講師が所有する経験や知識・技術などを多数に伝えることが主眼となる。質疑応答の時間が設定されていても質問できる人の数は限られている。参加者は、講師からの情報を受け取るだけの活動になりがちである。情報には有益なものもあり、講師の話を聞いた後の価値観の転換や行動の変容が期待できないわけではない。

ワークショップは、講師の話を聞く場面があっても、その後の話し合いに多くの時間が当てられる。講師から提供された情報に触発され、参加者一人ひとりが感想を述べ、課題への対応策を述べていく。話し合いが活発に行われ、さまざまなアイディアが出されてくると、情報を提供した講師自身にもなかった

ような対応策になることもある。講義形式の学習では講師が持ち合わせている知識・技術のレベルでとどまってしまうが，ワークショップでは予期せぬ成果を期待できることが特徴である。参加者自身も一人ひとりが講師から聞いた以上の成果を受け止め，自らのものとして取り入れることにより，価値観の転換や行動変容は講義形式と比較して確かなものとなる。ワークショップに参加することにより，学習への参加 (active learning) が社会への参加 (participatory learning) に結びつく可能性があることも特徴である。

会議も課題解決を求めて行われるが，一定時間内に対応可能な成案を得るよう進行する。課題について賛否の対立は避けられない。賛否の対立があっても成案を得るために結論を出す必要があり，多数決などの方法で決着を図る。学校などの組織においては，会議における結論は組織の意思決定である。反対意見であっても結論に沿って行動する。会議においてはルールに従って納得することになる。ワークショップにおける結論は，会議より時間がかかることがあっても参加者が対立をこえて納得するところに特徴がある。

以上のことから，ワークショップは，多様な考え方の参加者による自由な意見表明と協議の過程を経て一致点を見出すことを目的とし，参加者全員の思考や意識の向上を図るねらいで行われる共同作業である。ワークショップは，学校教育，企業研修，住民参加の街づくりなどの場で行われるほか，演劇・ダンス・美術など芸術分野でも盛んに行われている。

2　ワークショップの構成と進め方

ワークショップを行うのに決まりがあるわけではないが，一般的には，オリエンテーション・ショートレクチャー・グループ活動・全体会のような構成で行われる。以下，順を追って見てみよう。

(1) オリエンテーション

ワークショップに初めての参加者がいることも想定して，ワークショップの目的と進め方および参加者の姿勢などについて理解を図る。参加者は，性別・年齢・社会的地位や経験などにとらわれることなく，お互い平等な立場で自由

に発言することを踏まえておく。また，進め方については，主催者によって時間を決めて休憩をとることもあるが，トイレや喫煙も含めて自由に出入りする方法でも構わない。

(2) ショートレクチャー

グループ活動の論議が活発に行われるよう，ワークショップのテーマに関する事項について，理解を深めることと問題提起を目的として講師から簡単なレクチャーを受ける。多少の質疑応答をして参加者全体のテーマに対する共通理解を図る。ワークショップの主眼はグループ活動であるから，ショートレクチャーは短時間にとどめておく。

(3) グループ活動

ワークショップは，参加者全員が自由に積極的に発言することで課題への対応策を考えたり，新たな制作活動に取り組もうとするものである。グループの構成は，参加者一人ひとりの発言が十分保証されるよう，数名から10名ぐらいの人数となるよう調整する。

グループ活動に入り，自由な発言をと促されても，開始早々は参加者は緊張している。参加者の緊張を解きほぐすことをねらいとして，アイスブレーキング（Ice breaking）が行われる。言葉の意味は「氷を砕く」で，椅子取りゲームのような簡単なゲームを行い，参加者が体を動かし，言葉を発してリラックスできるようにする。ただし椅子取りゲームは年配の参加者や障碍のある参加者がいる場合は難しい。何かテーマを出して，賛成・反対のチームに分かれて理由を述べるというものでもよい。男女別姓とか，男女混合出席簿の是非などについて賛成と反対のチームに分かれ，それぞれの理由を述べてみる。

アイスブレーキングで参加者の緊張がほぐれたら自己紹介などから始めて本題のテーマに迫っていく。グループ毎にメンバーのなかから司会進行，記録などの役割を選出して討論を進める。

(4) 全体会

グループ活動の様子を報告して個々のグループの結論や成果を，参加者全体の成果として共有する。ワークショップではグループ活動においても全体会に

おいても活動の過程を振り返り，成果を参加者全員で共有することが大切である。対立していた議論がどの時点からまとまり始めたか，到達した結論になぜ納得し，当初考えていた内容からどれほど具体化したかなどを確認しておく。

ワークショップに当てる時間が長いか，複数の日程で行われる場合，中間発表的な全体会の場を設けるのも効果的である。

3　ワークショップを主催する

ワークショップの主催者は，会場の選定，物品の用意，指導者の確保について思案する。グループ活動を行うため，全体会の会場のほか複数の部屋を確保したい。グループ活動の部屋は，アイスブレーキングを行うこともあるため，机や椅子は移動しやすいものがよい。

物品については，参加者の名札，グループ活動の過程と成果を確認するための掲示用（ディスプレイ）としてホワイトボードや模造紙，大きな付箋紙（メモパッド），油性インクなどがあるとよい。ワークショップの内容にもよるが長い時間や複数の日程で行う場合，飲み物やつまむものを用意できるとよい。

指導者については，コーディネーター（coordinator）とかファシリテーター（facilitator）と呼ばれる。言葉のもつニュアンスから見れば，コーディネーターは参加者の多様な意見を調整し，一定の線で取りまとめる役割を担い，ファシリテーターは，参加者一人ひとりが自由に意見を表明しグループ活動が円滑に進行するよう促す役割を担う。名称は違ってもワークショップのリーダーは，ワークショップの技法をよく承知し，調整と促進の両方の役割について気配りを求められる。議論が本筋から離れることもあるし，発言者が固定したり偏ることもある。活発な論議が行われていても核心に迫りきらずにいることもある。発言のなかに核心に迫るためのキーワードがないか注意するのもリーダーの役目である。

リーダーがワークショップの技法を承知していても参加者が違えば，その都度ワークショップは異なる展開をみせる。過去の事例やマニュアル的な進行にこだわらず，参加者の言動によって臨機応変の対応が求められる。また，グル

ープ活動を行うとき，司会進行役をメンバーから選出するのが望ましいが，ワークショップの運営に不慣れであった場合には，リーダーが入って側面から支援する態勢をとって円滑な進行を心がける。

　ディスプレイについてはなくても議論は可能であるが，使った方が全体会での報告にも効果的であるし，ワークショップが継続して行われる場合には前回までの記録となり，欠席者がいる場合にも理解を深める。参加者一人ひとりが大きなメモパッドに思いついたことや決まったことをメモして貼ったり外したりしながら使っていく。

7 ブレーンストーミング

1　ブレーンストーミングの意義とねらい

　ブレーンストーミング（brain storming）の言葉の意味は，「頭脳の嵐」ということで，集団思考とか自由討論によるアイディア開発法として使われている。アメリカの広告代理店に勤めていたオズボーン（Alex F. Osborn, 1888-1966）という人が1941年ころ創案した技法といわれている。発想のねらいは，人それぞれの「ものの見方の異質さ」を活用しようということである。「つまらないアイディアでも，ほかの人にとっては別の素晴らしいアイディアをひらめかせるヒントになるかもしれない」という考え方を基本としている。したがって，ブレーンストーミングを行うときは，何の制約も設けずに，できるだけ多くのアイディアを出すことがポイントである。「頭脳に嵐を起こす」というブレーンストーミングの命名も，「突然の精神錯乱（brain storm）」という精神病の発作に由来するといわれている。ブレーンストーミングの場においては，参加者が集団のなかでこだわりなく自己表現できることをねらいとして，発言しやすい雰囲気をつくり，グループのメンバー一人ひとりが充実感を味わえるようにする。自己の存在意義を確かめるとともに他者の存在をも大切にすることを学び，思いやり，信頼などの大切さも体験的に理解する。

　わが国には1950年代に紹介され，企業などで新しい商品開発や企画を打ち出

すときに行われるようになった。既成概念にとらわれない発想やアイディアを生み出す効果を期待できることからワークショップのなかでも行われる。教育活動においては参加型学習法の一つとして行われる。ブレーンストーミングを行うことにより，参加した児童・生徒は，テーマを設定した課題事項を主体的に把握することができる，キーワードを使って考えをまとめる，他のメンバーの意見や考え方を尊重するなどの効果を期待できる。皆で協力して作業をすることにより，個人では思いつかないような発想やアイディアが生まれることを体験的に理解し，柔軟な発想方法を身につけることができる。

2 ブレーンストーミングの進め方

ブレーンストーミングを行う場合，ワークショップと同様，参加者が趣旨を正しく理解していないと十分な効果を得られない。参加者が守るべきルールが4つある。参加者は次のルールを守ってアイディアを出すようにする。

① 自由な発想：常識や既成概念にとらわれない自由な発想を歓迎する。突拍子もないもの，奇抜なもの，風変わりなもの，現実性がないものでも構わない。

② 批判の禁止：自由な発想を保証するため，出されたアイディアを批判をしたり否定的な発言をしない。どのアイディアが効果的であるかは即断できない。

③ 質より量：アイディアを出す時点では何が良いアイディアになるかはわからない。アイディアの質にこだわるより数をたくさん出すようにする。アイディアをたくさん出せば，なかに良いものがあるだろうという発想である。

④ 相乗りのすすめ：他人が提案した発想に相乗りしたり，アイディアを借用して改良した発想を提案する。グループとして成果を上げるため，他人の発想でも良いと思う部分は積極的に利用する。

ブレーンストーミングを始める場合，グループ編成ができたら司会進行役と記録係を選ぶ。机や椅子の配置もメンバーの顔が良く見えるようにする。司会

はアイディアを必要とするテーマや趣旨を明らかにし，参加者に4つのルールを確認したうえ，テンポよく進行を図る。間を空けるとアイディアが途切れるおそれがあるからである。設定された時間内にできるだけ多くのアイディアを出すことがポイントであるから，はじめのうちは意見をまとめることは考えず，メンバーを励ましたり，時にはプレッシャーをかけたりして進行を図る。意見が抽象的であったりわかりにくい場合は的確な言葉で補足し，発言者の意図を明確にする。

　記録係は出されたアイディアを，どのような内容であってもボードや模造紙に書き出していく。グループの誰からも見えるように，長い言葉は要約して簡潔な表現にする。記録係が書き出すかわりに，メンバーがアイディアをカードに書いて張り出す方法もある。

　ブレーンストーミングのテーマを参加者に示す場合，テーマに対する先入観を除くため，本来のテーマは「道の駅」であっても単に「駅の役割」として示す方法もある。一通りアイディアが出たら内容を整理する。出されたアイディアや意見をいくつかのカテゴリーにまとめてみる。抽象的な内容は具体的にする。意味のわかりにくいものは誰にでもわかるようにする。整理ができたらアイディアの質について検討する。アイディアを具体化する場合に必要となる手順や日程，実現の可能性や費用対効果など多角的な視点から検討を加え，グループの案をまとめる。複数のグループがある場合は全体会で各グループの案を発表する。全体で一つのアイディアに絞る場合は，グループ間で質疑応答や意見交換を行ったうえで決定する。

　ブレーンストーミングは出されたアイディアを批判せず，無条件に受け入れることを特徴としているが，発展的な技法として，出されたアイディアに反対したり批判してもよいとする方法もある。発表者がアイディアの背景や内容を説明し，他のメンバーは自由に批判や反対をする。ただし基本的には建設的な意見になることを心がけるとともに，批判や反対されても出されたアイディアが抹殺されることはない。

3　チェックリスト

　ブレーンストーミングで出されたアイディアの質を検証する場合，チェックリストを使う方法がある。ブレーンストーミングの発案者であるオズボーンは，次のようなチェックリストを作成した。ブレーンストーミングを行わなくても発想の技法としてとらえることもできる。

① 他に利用できないか（Put to other uses）：現在のままで新しい用途はないか。少し手を加えて他の利用法はないか。

② 他からアイディアが借りられないか（Adapt）：一部借りたらこれに似たものはないか。他に似たアイディアはないか。過去にこれと似たアイディアはないか。何か真似ができるものはないか。他に当てはめられないかなど。

③ 変更したらどうか（Modify）：新しく変えてみたらどうか。曲げたらどうか。形，色，音，香り，動作，形式，包装，方法などを変えてみたらどうかなど。

④ 大きく（あるいは多く）したらどうか（Magnify）：何か加えたら。もっと時間をかけたら。回数を多くしたら。もっと強くしたら。もっと長くしたら。もっと速くしたら。他の価値を加えたら。他の成分を加えたら。倍にしたらなど。

⑤ 小さくしたらどうか（Minify）：何か減らしたら。もっと小さくしたら。もっと軽くしたら。もっと低くしたら。もっと濃縮したら。もっと遅くしたら。分割したら。少なくしたら。やめたらなど。

⑥ 代用したらどうか（Substitute）：誰かほかの人にやらせたら。何かほかのものにしたら。ほかの材料にしたら。ほかの場所にしたら。ほかのやり方にしたらなど。

⑦ 入れ替えたらどうか（Rearrange）：構成分子を入れ替えたら。タイミングを変えたら。向きを変えたら。上下を替えたら。他のレイアウトにしたら。日程を変えたら。原因と結果を入れ替えたらなど。

⑧ 反対にしたらどうか（Reverse）：裏返しにしたら。立場を変えたら。逆さ

まにしたら。役割を逆にしたら。肯定と否定を変えたらなど。

⑨ 結合したらどうか（Combine）：詰め合わせにしたら。組みにしたら。混合したら。合成したら。アンサンブルにしたらなど。

チェックリストだけを見ていると具体的なイメージが浮かばないかもしれないが，各項目にあてはまる具体例を考えてみよう。⑨結合したらどうかの例として，シャープペンシルとボールペンを一体化する，携帯電話にカメラの機能を持たせる，パソコンにテレビの機能をつける，プリンター・コピー・スキャナーを一体化するなどの製品例をあげられる。製品ではないが中高一貫教育とか学校間連携，高大連携などの教育の在り方も結合の例といえる。

具体例を考えると同時に自分なりの，あるいはグループとして必要なチェックリストを考えてみるのもよい。オズボーンのリストを参考にしながら，一つのものごとについて多様な視点があること，視点を変えることの意義を踏まえてリストを作成してみよう。

8 プレゼンテーション

1 プレゼンテーションの意義とねらい

プレゼンテーション（presentation）の言葉の意味は，贈呈とか授与のほか表現，発表などの意味もある。研究成果の発表などを行うことをプレゼンテーションといい，略してプレゼンと呼ばれる。プレゼンテーションをじょうずにやると，説得力が高まり，伝えたい内容を効果的に伝えることができる。プレゼンテーションは，本来専門的な内容を，専門外の人や不特定多数の人々にわかりやすく伝えるところに特徴がある。企業などで行われるプレゼンテーションは，新商品の開発や新企画の提案などについて，社内の関係部署に了解を得るために行われたり，社外の取引先や顧客に対して理解を図るために行われる。プレゼンテーションの成否は企業収益に直接ひびく影響力がある。

プレゼンテーションを行う方法としてアナログによる場合とデジタルによる場合，両者を併用する場合とがある。アナログによる方法とは，学校教育や学

会発表などで広く行われてきた黒板やホワイトボードで説明することや，模造紙に書いたり OHP などを使う発表である。デジタルによる方法とは，主として発表用ソフトであるパワーポイント（Microsoft PowerPoint）を使って発表資料を作成し，プロジェクターを通して表現する方法である。両者の併用とは，デジタルを主としながら補助的にホワイトボードなどを使う場合を指している。学校における教室授業などを除き，アナログによるプレゼンテーションは少数となり，デジタルによる方法が主となっている。

　学校教育の場面では，教師の行う授業はプレゼンテーションそのものである。教師は児童・生徒に向けて，指導内容を情報として発信する。教師が児童・生徒に伝えようとする情報が，わかりやすく，正確に伝わっているかが問われる。児童・生徒がプレゼンテーションを行うこともある。理科や社会などの調べ学習で研究成果について発表したり，「総合的な学習の時間」の成果として課題の研究結果などを発表する。小学校や中学校低学年では，アナログ的な発表にならざるを得ないが，中学校高学年や高校生はデジタル発表も可能である。

2　プレゼンテーションの進め方

　学校において教師は，自分自身のプレゼンテーション能力を高めるとともに児童・生徒にプレゼンテーション能力を身につけさせることも求められる。プレゼンテーションは，伝えたい情報を，いかに相手にわかりやすく正しく伝えられるかがポイントになる。言葉だけで伝えにくい情報は目に訴えるよう視覚化するとわかりやすくなる。プレゼンテーションは，伝えようとする情報の質にもよるが，同じ情報でも，どのように伝えるかで成否が分かれる。

　デジタルによるプレゼンテーションを行う場合，次のような手順で取り組む。
① 企画：プレゼンテーションのテーマや目的など対象に応じた戦略を立てる。
　・プレゼンテーションの方針。何のためにどのような対象に実施するのか。
　・テーマと目的。提案するべき内容とどの段階までの到達をねらうのか。
　・対象の分析。聞き手の立場，人数，テーマについての関心などを分析。
　・実施に向けての課題。提案事項の完成度，発表までの準備日程など。

・実施の時期，会場。いつ，どこで，どのように行うことが効果的か検討。
② 設計：企画の内容にそって発表のシナリオを練る。
　　・情報の収集・整理。発表スライドや資料作成に必要な情報収集と整理。
　　・発表ストーリーの作成。情報を伝えるのに効果的なストーリー展開を検討。
　　・用意する資料。プロジェクターで紹介するスライドと配布資料の検討。
　　・時間配分。実施当日の時系列による進行プログラムの作成。
　　・役割分担。複数で担当する場合の役割分担と協力態勢の計画。
③ 資料作成：設計案にしたがって発表資料を作成する。
　　・スライドの作成。シナリオにそったスライドの作成。
　　・配布資料の作成。手元資料として配布する資料の作成。
　　・説明資料の作成。発表者（プレゼンター）が使う資料の作成。
④ 実施：用意した発表資料に基づいてプレゼンテーションを実施する。
　　・会場の設営。会場までの誘導と受け入れ。机，椅子等の配置。掲示物。
　　・機器の準備。パソコン，プロジェクター，スクリーン，マイク等の設置。
　　・リハーサルの実施。準備段階と実施当日，それぞれにリハーサルを行う。
　　・実施。プレゼンテーションを行い，質疑応答により理解度と反応を確認。
⑤ 評価：ねらい通りの成果を得られたか，プレゼンテーションを評価する。
　　・アンケート等の分析。参加者によるアンケートを回収，成果を確認。
　　・質疑応答の補足。当日回答できなかった質問に対する回答や補足資料。
　　・総括。担当者によるプレゼンテーション全体を通しての総括。

3　成功するプレゼンテーション

　前記のような手順でプレゼンテーションに取り組むにしても，各段階においてプレゼンテーションを成功させるポイントがあるので次に紹介する。
　① 企画：プレゼンテーションを企画するに当たり，５Ｗ１Ｈのチェックを行う。いつ（When），どこで（Where），何のために（Why），どのような内容を（What），誰がどのような相手に（Who），どのように（How）伝える

かについて企画する。それに必要な経費と期待される効果などについて検討を加え，プレゼンテーションのコンセプトを固める。

② 設計：企画の段階で固まったコンセプトに基づき，実践的なシナリオを作成する。発表するストーリー展開については，問題提起から始めて最後に結論を出す結論後発型と，はじめに結論を出しておいて，その理由を順に述べていく結論先行型がある。どちらを選ぶかはテーマの内容や聞き手の立場などを考慮して決める。どちらのタイプを選ぶにせよ，論理構成は，序論・本論・結語とか起承転結などメリハリを利かせるようにする。

発表する立場からはできるだけ多くの情報を伝えたいと思うが，聞き手の立場からは，あれもこれもと詰め込まれると印象が散漫になり，理解も不十分で記憶に残らない。したがって，発表内容は要点を絞り込んで構成する。

③ 資料：ストーリー展開にそったスライドと手元配布資料を作成する。スライドは視覚にうったえるものであるから，わかりやすい内容にして印象に残るものにする。1枚のスライドで聞き手が集中している時間は2〜3分である。説明が長くなるようならスライドを2枚にする。1枚のスライドに入れる文字量は一目で読み取れるよう，大きな文字と少ない字数で表現する。発表者のセンスが伝わるよう，レイアウトやカラーバランスに注意する。手元配布資料は，プレゼンテーション終了後に読み返しても理解できる内容にする。

④ 実施：資料の準備ができたら事前にリハーサルを行う。口頭で説明する発表者とパソコンなどの機器を操作する人が別になる場合，スライド転換のタイミングを合わせる。それぞれのスライドの出来栄えを確かめるとともに1枚のスライドに対する説明時間は適切か，聞き手の立場になったとき，論理に飛躍がないか，データは信頼のおけるものかなどをチェックする。

発表者は聞き手に対して説得力をもつよう，服装，態度，声の大きさ，言葉遣い，話す速さや間の取り方などについてチェックする。聞き手にと

って分かりやすい話の速さは，1分間に300字の原稿量が目安となる。発表者が緊張していたり，肩に力が入っていると聞き手にも伝わる。声の調子，イントネーション，アクセントも含めて普通に話すようにする。

実施当日は，使用機器類の設置と接続などについて動作を確認するとともに会場後方でも発表者の声が聞こえるようマイクやスピーカーの音量を調節する。プロジェクターの映り具合をよくするために会場を暗くする場合，参加者が必要に応じてメモが取れるよう，照明の程度を調節する。

発表は与えられた時間を一杯に使うのではなく，質疑応答の時間を取るようにする。質問の内容によって発表がどれくらい理解されたか，テーマについての関心がどの程度であるかがわかる。その場で答えられない質問については後日に必ず回答する旨を約束しておく。質疑応答も含めて最後に要点をまとめておく。発表者の強調したかった点を聞き手の記憶に残るよう話を整理する。

⑤ 評価：プレゼンテーションが終わったらその日のうちか，あまり時間を空けないで全体の評価をしておく。発表者は伝えたいことを十分に伝えきれたかスライドの内容はテーマにそってわかりやすいものであったか，手元配布資料は有効に活用できたか，参加者の反応はどうであったかなどを評価する。

⑨ 調査・研究・体験活動

1　調査・研究・体験活動の意義とねらい

新学習指導要領で導入された「総合的な学習の時間」は，教科横断的・総合的な学習活動を行う。児童・生徒が自らの興味・関心等に基づいて設定した課題を解決する学習を通して，自ら学び，考え，解決する能力を育成し，生き方について自覚を深めることを目的としている。ここでの学習は児童・生徒が主体的に取り組むこと，課題解決のために調査・研究的な活動を行うこと，学習の過程は学び方を学ぶことと体験的に学ぶことなどの特徴がある。

調査・研究活動は，①課題の設定，②調査・研究計画の作成，③調査・研究の実施，④収集した資料や情報の整理，⑤調査・研究成果の考察とまとめ，⑥成果の発表，の手順を追って進められる。課題の設定から始まる各段階で，児童・生徒は常に考える必要に迫られる。どのような課題を設定するか，課題を解決するために何をしなければならないか，集めた資料や情報をどのように整理するか，集めた資料や情報からいえることは何か，などについて考える。各段階で徹底して考えることが学び方の学びになり，資料や情報の収集過程で学校外の多様な人々と接することが自らの生き方を考えるきっかけとなる。

体験活動は，知識・技術などを抽象的・観念的に理解するのではなく，体全体を使うことから，視覚・聴覚・嗅覚・味覚・触覚の五感を通して具体的に理解するところに特徴がある。体験活動により獲得した知識・技術は身についたものとなり，児童・生徒の知的な財産となっていく。英語のことわざに「経験は知恵の母（Experience is the mother of wisdom）」という言葉がある。現在の社会は科学技術の進歩や情報化の進展が早い。変化する社会に主体的に対応していくためには知識があるだけでは不十分で，知恵を身につけていることが望まれる。さまざまな体験を重ねることが知識・技術を身につけ，知恵や工夫を生み出すことにつながる。教職に就くに当たり，調査・研究や体験活動について理解し，経験しておくことが大切である。調査・研究活動と体験活動は2つの内容になるので，以下，分けて見ていく。

2 調査・研究活動の進め方

(1) 課題の設定

すでにふれたように調査・研究活動は課題の設定から始まる。課題の設定は，児童・生徒が自らの興味・関心に基づき，主体的に設定するものとされている。文章上からは課題設定は問題なく行われるようであるが，実際はかなりのエネルギーを必要とする。課題解決型学習の最大の課題は，課題の設定にあるといえるほどである。「総合的な学習の時間」では課題を設定するに当たり，「国際理解・外国語会話，情報，環境，福祉・健康」などの分野を例示している。

教師は，児童・生徒が設定した課題について，確実にこなせるテーマであるか，ある程度成果を見込めるテーマであるかなどについて見極める必要がある。設定したテーマが児童・生徒の興味・関心に基づくものであっても，調査・研究の過程で成果の見込みがなければ学習は中断し，児童・生徒は挫折感を味わう。児童・生徒の主体性を生かしながら，学習の先を見通すのは難しい。

(2) **調査・研究計画作成**

課題が決まったら解決に向けての調査・研究計画を作成する。調査・研究の方法，時期，必要な物品，相手先の選定などについて計画を立てる。調査・研究の内容や方法を考えるために関連する資料や図書に目を通すこともある。計画を作成する段階で設定した課題に無理があるようなら軌道修正が必要なこともある。

(3) **調査・研究の実施**

計画ができたら行動に移す。情報やデータを集めていく過程では記録が大切である。発表のことを考えると視覚にうったえるものは画像で記録するよう，スケッチしたりデジタルカメラで撮影しておく。文字にしても映像にしても記録した場所，日時，天候などを正確に記しておく。

調査・研究を計画にしたがって実施していても，テーマの内容によって計画通りに結果が得られないことはよく起こる。調査・研究をやり直す，計画を変更する，計画しなかったことを試みるなど，臨機応変の対応も必要になる。

(4) **資料の整理**

調査・研究を実施していく過程で多様な資料や情報が収集されていく。課題解決のために効果的な情報もあれば，あまり意味のない資料も混在する。いずれにしても収集した資料や情報は学習の足跡を印すものである。調査・研究の成果として考察やまとめをしやすいよう整理して保存する。

ポートフォリオ（portfolio）は，言葉の意味は書類かばんとか書類ばさみのことであるが，写真家やデザイナーなどの作品集の意味でも使われる。収集した資料，情報は課題解決のためのポートフォリオでもある。

(5) **結果の考察とまとめ**

調査・研究の結果，収集した資料や情報の分析と考察を行い，課題の解決としてまとめをする。まとめをするに当たり，客観性があるか，科学的・合理的に正しいか，再現性があるかなどについて吟味する。課題解決を優先するあまり，客観性や科学性を欠くようではまとめに対する信頼性が失われる。計画作成段階で予想した結果にならなくても，調査・研究の過程が科学的なものであるならば，それが結果である。事実を事実としてまとめることが大切である。

調査・研究の結果として得られた事実と，調査・研究の過程で学んだことをまとめるのもだいじである。課題解決型学習は学び方を学ぶ学習でもある。

(6) 成果の発表

考察とまとめができたら発表をする。ポートフォリオとして示すほか，プレゼンテーションの項目で学習したデジタルによる発表に取り組んでみる。

3 体験活動の進め方

新学習指導要領では，「総合的な学習の時間」の学習活動を行うに当たっては，次の事項に配慮するものとする，として「自然体験やボランティア活動などの社会体験，観察・実験，見学や調査，発表や討論，ものづくりや生産活動など体験的な学習，問題解決的な学習を積極的に取り入れること」という記述がある。調査・研究も体験的な学習であるが，自然体験やボランティア活動は学習意欲を高めたり，自らの生き方・在り方を考えるうえで効果的である。

(1) 計画的な取り組み

体験的な活動を行う場合，何を，いつ，どのように行うかについて計画的に取り組む必要がある。学校の教育活動には教科活動と特別活動と総合的な学習の時間がある。体験的な活動も内容が多岐にわたり，植物の栽培管理や観察などは時期的な制約もある。思いつきで行う活動ではなく，学校全体の年間指導計画に折りこんで，計画的に実施する。

(2) 事故防止

自然観察や勤労体験，ボランティア活動などを実施する場合，もっとも気をつけなければいけないのは児童・生徒の安全確保と事故防止である。教室の外

に出ることにより解放感があると同時に教師の注意が届きにくくなる。学校の外に出ると車の通行などがあり，危険の度合いが増す。事前指導を十分行うとともに，活動中の児童・生徒の行動把握に努める。万一の場合に備えて連絡体制や緊急対応の体制は整えておく。

(3) **記　録**

どのような体験活動を行うにしても学習活動の一環である。体験しただけで終わりにしないよう，記録を残すことが大切である。体験をしてから時間を空けないよう，印象や記憶が新しいうちにまとめておく。自然観察などでは，場所，日時，天候などについても必ず記録しておく。体験の内容により，文字による記録だけでなく，デジカメなどによる映像記録も残すようにする。

(4) **体験の共有**

どのような体験であっても，児童・生徒によって得たものや感じたものは個人差がある。一人ひとりの体験が全体で共有できるよう，発表会をもったり，記録をまとめるようにする。

(5) **関係者との対応**

体験活動を行う場合，外部の関係者に指導や協力を依頼することが多い。事前の打ち合わせ，当日の対応とともに，事後の対応も忘れてならない。児童・生徒の記録集などを届け，次の機会にも快く応じてもらえるようにしておく。

〔上松信義〕

第2章　指導計画作成と場面指導

1 指導計画作成と場面指導

　学校の教育活動は計画的に行われるが，想定外の出来事に臨機応変に対応を求められる場面も多い。計画性を身につけることと突発的な出来事に対応する力を身につけることが教師に求められている。このため，教員採用試験においては，従来，一次試験で教職教養と専門科目に関する知識・技術などの学科試験を行い，二次試験において論文と面接により人物評価を行うのが一般的な方法であった。しかし，「総合演習」が教職の必修科目として設置されたように，最近の学校現場で発生する多様な出来事に対応するには，面接による人物評価のみでは教師の的確性を把握しきれないと考えられるようになっている。

　教員採用試験に関する次のような新聞報道がある。
教員採用に「場面指導」臨機の対応・人間性見る（「朝日新聞」2004年9月19日朝刊）

　「教員採用試験に，学校で起きている問題による「場面指導」のテストを課す教育委員会が増えている。論文や面接ではつかみにくい判断力を見る，生徒指導，学級運営面で困難の多い現状を映し出した形だ。

　「チャイムが鳴ったのに廊下で遊んでいる子をどう指導するか？」「遅刻を注意したら逆に反抗する生徒は？」8月にあった埼玉県の採用試験（2次）の面接で，こんな場面指導の課題が出された。学校の日常のできごとに基づいている。昨年までの集団討論に替え，新たに導入した。受験者7人でグループをつくり，各自がその場で示された七つの課題から一つを選ぶ。他の6人を相手に教師役を5分間演じる。

受験者同士の応答から人間性もくみ取れる，と埼玉県教委。学習指導の力量を試す模擬授業などと組み合わせ，教師にふさわしい人材かどうかを見極めたいという。今年，2次試験を始めた愛媛県も場面指導を組み込んでいる。多角的な選考で適材を探す採用試験の流れの中で，場面指導は4，5年前から導入県が目立ち始めた。(以下略)」

学校教育に計画性と突発性への対応の2面性があることを理解して，それぞれの力量を身につけるようにしたい。

2 指導計画の作成

学校の教育活動を行うに当たり必ず指導計画を作成する。計画を作成する場合，中長期的な展望をもったうえで当面の年間計画を作成する。学校全体の教育方針について，まず，学校長が経営計画を作成する。経営計画に数値目標を明示すると，教育方針を具体的にたてやすくなる。経営計画に基づき教育目標や教育方針，重点目標が明らかになる。

教育目標や教育方針を教科活動や学校行事などの具体的な形にしたものが教育課程（カリキュラム）である。小学校は6年間，中学・高校においては3年間，生徒の入学から卒業までを見通した学校の指導計画である。児童・生徒に入学時に示した教育課程は，学校行事を除き，原則として卒業まで変更することはない。学習指導要領の改訂などにより教育課程を変更する必要が生じた場合，少なくとも2年ぐらいの時間をかけて次の教育課程を検討することになる。

学校行事は基本的に1年毎に決められていく。教科活動や総合的な学習の時間の実施を踏まえながら，入学式・卒業式など必ず実施する行事のほかにどのような行事を，いつ，どのように行うと教育効果を高めるか検討を行う。

学校行事を含めた教育課程が確定したら，各教科・科目毎の年間指導計画を作成する。2学期制か3学期制かによって学期毎のまとまりを基準にしながら担当者が学年別に指導計画を作成する。指導計画を作成するに当たっては学習指導要領に示された内容を踏まえたうえで，学校，地域，生徒の実態などを考

慮して内容を決めていく。

　年間指導計画を作成したら単元指導計画を作成し，さらに本時の学習指導案を作成する。学習内容は教科・科目ごとに単元によって構成されている。単元は一つの学習のまとまりであるから，各単元の指導にあてる時間配分を考慮しながら指導内容や到達目標を決めていく。各単元の個々の学習活動を計画したものが本時の学習指導案である。本時の学習指導案は1単位時間（標準50分）における授業展開について計画をたてる。1単位時間の積み重ねが単元指導計画になり，単元の集合が年間指導計画になる。したがって，1単位時間の授業においても，時間ごとの指導目標に基づき学習活動が行われる。教育実習を行うときに指導案を作成するが，多くの場合，本時の学習指導案を作成している。

　本時の学習指導案は1単位時間を導入，展開，結びの3つで構成する。導入は授業の始まり部分である。児童・生徒の出席をとり，前の時間の復習を簡単に行い，当日の授業のポイントを紹介する。時間は5～10分くらいをあてる。展開は本論の部分である。当日の指導目標に到達するよう学習活動を行う。指導案は，学習事項，児童・生徒の活動，教師の活動の3つが連動するように時系列で表記する。時間は30～40分をあてる。結びは授業の要点をまとめ，次回の予告をする。時間は5分ほどである。

　教育実習の仕上げに研究授業を行う場合，参観者に指導案を配布する。指導案が十分練られたものなら授業は指導案に示されたように行われる。指導案に内容を詰め過ぎると展開の途中で時間が切れることもある。しかし，指導案にそって進めようとするあまり，児童・生徒の理解度や反応にかまわず授業を行うのも問題である。教師の一人芝居が演じられただけで指導になっていない。

　教育実習のときは大変な思いをして書いた本時の学習指導案も，実際の教職に就くと毎時間ごとに作りきれないのが現実である。しかし，授業展開は指導案にそう形で行うことが児童・生徒にとってわかりやすい授業となる。中学・高校の授業は教科担任制であるから，教科・科目ごとに指導者が変わる。教師の方は担当する科目のことだけを考えて授業に臨むが，生徒の立場になると直前の授業の余韻もあり，気持ちが切り替わらないまま次の科目の授業を受ける

場合も多い。いきなり本論に入るような授業展開をされると消化不良を起こしてしまう。短い時間であっても導入的な部分は必要である。

東京都は教科・科目ごとに年間指導計画と週単位の指導計画（週案）を作成し、生徒・保護者に示すことと都に提出することを全教員に義務付けている。生徒の授業評価も行われ、常に緊張感をもって授業に望むよう求められている。

③ 場面指導の進め方

教員採用試験で場面指導が課されることについて先に触れた。東京都も早い時期から実施している。当初、2次試験の集団面接の場で模擬授業として実施された。受験者は試験会場で問題を知らされた。学級担任としてホームルームの時間に文化祭の企画を話し合う場面を想定して指導しなさいとか、高校生の喫煙についてクラスで話し合う場面を想定して指導しなさいという問題であった。受験者に2分ほど考える時間が与えられ、5分間で教師の役割を演じる。黒板を使ってもよい、他の受験者を生徒に見立てて質問を投げかけてもよいが、答える必要はないという設定であった。

グループ全員が模擬授業をした後、集団面接が行われた。模擬授業が思うようにできなくて集団面接で一言も発言できない受験者もいた。試験官の立場からは面接の応答だけではつかみきれない受験者の人となりを把握することができた。その後、東京都の模擬授業は受験者の担当教科で指導案を作成し、それにしたがって5分間の展開をするように変わった。先に紹介した新聞報道は、初期の東京都の方法が行われているようである。省略した記事の後段に、「東日本のある県は、従来の模擬授業をやめて、面接の中で、「生徒が教室の掃除中にふざけ、ほうきでガラス窓を割った」など具体的な場面での教師役を演じさせるようになった。今の学校に必要な、とっさの判断力を測りやすい」という内容が紹介されている。採用する側も試行錯誤をしている事情がうかがえる。

採用試験が行われる教育委員会や年度により実施方法が変化する可能性はあるが、模擬授業を含む場面指導的な試験が増える傾向にあるのは確かである。

先に紹介したロール・プレイの教師役を演ずると理解するのが現実的である。自分たちの高校時代までを振り返り，新聞やテレビで報道される児童・生徒の問題行動などに注意をはらいながらロール・プレイをしてみるのがよい。ロール・プレイをする場合，問題児役になったときはその役に徹して教師役を困らせる方が受験対策として効果的である。ロール・プレイにリアリティがないと受験対策にならないし，教職に就いてからも臨機に対応できない。

（上松信義）

おわりに

　「総合演習」は「教職に関する科目」において必修科目として2単位が設置された。導入の経緯等は本文に記した通りであるが，各大学において「総合演習」の指導に当たる担当者にとっては，多少とまどいのある科目である。同様のねらいをもって導入された小中高の「総合的な学習の時間」が，やはり学校現場において足踏みしているのと重なる部分がある。
　本書の執筆者は，現在，大学において「総合演習」を実際に担当している。テキストがないまま，科目設置のねらいを踏まえて人間の尊重，地球環境，異文化理解などの分野について演習の形態をとりながら学生と日々接している。試行錯誤的な一面もあるが，実践していくなかで確かな手ごたえの得られた内容について，それぞれがまとめを試みた。
　いずれの分野についても2単位分の時間配当では収まりきれない内容を含んでいる。しかも，時間的には現在から近未来まで，空間的には国内から世界各地に及ぶ人々の暮らしや教育に直接影響する課題である。講義の時間もさることながら本テキストの紙数にも一定限度の制約があるなかで，多様な内容を収めることにした。
　したがって，大学の講義で本書をテキストに使用する場合，単にテキストの内容をなぞるのではなく，本書をきっかけにして各分野が深まるよう望んでいる。本書が，教職を目指す学生や，「総合演習」が設置される以前に教職に就いている現職の教員にとっても「地球的視野に立って行動するための資質能力を育てる」ためのツールとなって，変化の時代に教員に求められる資質を身につけてほしいと願っている。
　各分野の講座を担当し，執筆した著者等の共通のねらいは「総合演習」の講座と本書によって，未知の事象に対する興味・関心・謙虚さをもち，視野を広げ感受性を豊かにし，多様な価値観を踏まえ引き出しをふやすことができると考えている。

最後に，それぞれ執筆に当たっては内容の正確を期し，最新の資料を掲載するよう努めたが，不備な点が目にとまるようであればご指摘いただきたい。

（上松信義）

参考文献

第1部
『総合演習の基礎』 田中圭治郎著 佛教大学通信教育部 2004
『総合的な学習の実践事例と解説』「総合的な学習の時間」実践研究会編集 第一法規 1999
『総合的な学習 国際理解教育［地球学習］』東京都高等学校国際教育研究協議会編 清水書院 1999

第2部
『Democracy and Education』 John Dewey Macmillan 1916
『The School and Society』 John Dewey University of Chicago 1907
『John Dewey and American Democracy』 R.B.Westbrook Cornell University 1993
『西洋教育史』 長尾十三二著 東京大学出版会 1991
『比較教育学の基礎』 田中圭治郎著 ナカニシヤ出版 2004
『PTAの新しい運営－課題への対応と活性化のために』 黒田利英著 第一法規 1997
『中学校道徳の35時間－教育の緊急課題に応える心の教育』 黒田利英著 文芸社 1999
『環境教育指導資料（中学校・高等学校編）』 文部省
『環境教育指導資料（事例編）』 文部省
『環境教育－重要用語300の基礎知識』 田中春彦編集 明治図書 2000
『環境白書』 環境省編
『人と自然の共生をめざして』環境省自然環境局 環境省 2006
「シリーズ地球と人間の環境を考える」
　『01地球温暖化―埋まってきたジグソーパズル』 伊藤公紀著 日本評論社 2003
　『02ダイオキシン―神話の終焉』 渡辺 正・林 俊郎共著 日本評論社 2003
　『03酸性雨―誰が森林を傷めているのか』 畠山史郎著 日本評論社 2003
　『04環境ホルモン―人心を「攪乱」した物質』 西川洋三著 日本評論社 2003
『沈黙の春（Silent Spring）』 レイチェル・カーソン（Rachel Carson）著 青樹簗一訳 新潮社 1974
『複合汚染』 有吉佐和子著 新潮社 1979
『国際理解教育－多文化共生社会の学校づくり－』 佐藤郡衛著 明石書店 2001
『異文化理解のストラテジー 50の文化的トピックを視点にして』 佐野正之・水落一朗・鈴木龍一著 大修館書店 1995
『異文化との接点で 草の根協力の最前線から』 時事通信社編 時事通信社 1996
『「人口減少経済」の新しい公式－「縮む世界」の発想とシステム』 松谷明彦著 日本経済新

聞社　2004
［新時代の地方自治⑧］『少子高齢化時代の自治体と社会保障政策』　椎川　忍編　ぎょうせい　2001
『現代生活保育論』　片山忠治・名須川知子編著　法律文化社　2003
『新保育学』　岡野雅子ら著　南山堂　2001
『現代の子育て母子関係と保育』　鈴木佐喜子著　ひとなる書房　1999
『教育学概論』　堀松武一・森山賢一共著　岩崎学術出版社　2001
『母の目，父の力』　高久清吉著　教育出版　1991
『現代保育論』　山縣文治著　ミネルヴァ書房　2002

第3部
『授業デザインの最前線』　高垣マユミ編著　北大路書房　2005
『授業が変わるディベート術　生徒が探求する授業をこうつくる』　杉浦正和・和井田清司編著　国土社　1998
『新しい教育実践のためのワークショップ入門』　大隈紀和著　黎明書房　2003
『説得できるビジネスプレゼン200の鉄則　聞き手が必ずうなずくプレゼンはこう実施する』　永山嘉昭・山崎　紅著　日経BP社　2003
『新時代の教員養成・採用・研修システム』　高倉　翔編集　教育開発研究所　1999
『教員をめざす人の本』　八尾坂　修監修　成美堂出版　2005
『Applied Imagination』　Alex F. Osborn　Scribner's　1953

資料編

1. 日本国憲法（抜粋）

前文

　日本国民は，正当に選挙された国会における代表者を通じて行動し，われらとわれらの子孫のために，諸国民との協和による成果と，わが国全土にわたつて自由のもたらす恵沢を確保し，政府の行為によつて再び戦争の惨禍が起こることのないやうにすることを決意し，ここに主権が国民に存することを宣言し，この憲法を確定する。そもそも国政は，国民の厳粛な信託によるものであつて，その権威は国民に由来し，その権力は国民の代表者がこれを行使し，その福利は国民がこれを享受する。これは人類普遍の原理であり，この憲法はかかる原理に基くものである。われらは，これに反する一切の憲法，法令及び詔勅を排除する。
　日本国民は，恒久の平和を念願し，人間相互の関係を支配する崇高な理想を深く自覚するのであつて，平和を愛する諸国民の公正と信義に信頼して，われらの安全と生存を保持しようと決意した。われらは，平和を維持し，専制と隷従，圧迫と偏狭を地上から永遠に除去しようと努めてゐる国際社会において，名誉ある地位を占めたいと思ふ。われらは，全世界の国民が，ひとしく恐怖と欠乏から免かれ，平和のうちに生存する権利を有することを確認する。
　われらは，いづれの国家も，自国のことのみに専念して他国を無視してはならないのであつて，政治道徳の法則は，普遍的なものであり，この法則に従ふことは，自国の主権を維持し，他国と対等関係に立たうとする各国の責務であると信ずる。
　日本国民は，国家の名誉にかけ，全力をあげてこの崇高な理想と目的を達成することを誓ふ。

第十条【日本国民の要件】
　日本国民たる要件は，法律でこれを定める。

第十一条【基本的人権の享有と性質】
　国民は，すべての基本的人権の享有を妨げられない。この憲法が国民に保障する基本的人権は，侵すことのできない永久の権利として，現在及び将来の国民に与へられる。

第十二条【自由・権利の保持義務，濫用の禁止，利用の責任】
　この憲法が国民に保障する自由及び権利は，国民の不断の努力によつて，これを保持しなければならない。又，国民は，これを濫用してはならないのであつて，常に公共の福祉のためにこれを利用する責任を負ふ。

第十三条【個人の尊重，生命・自由・幸福追求の権利の尊重】
　すべて国民は，個人として尊重される。生命，自由及び幸福追求に対する国民の権利については，公共の福祉に反しない限り，立法その他の国政の上で，最大の尊重を必要とする。

第十四条【法の下の平等，貴族制度の否認，栄典の限界】
　1　すべて国民は，法の下に平等であつて，人種，信条，性別，社会的身分又は門地により，政治的，経済的又は社会的関係において，差別されない。
　2　華族その他の貴族の制度は，これを認めない。
　3　栄誉，勲章その他の栄典の授与は，いかなる特権も伴はない。栄典の授与は，現にこれを有し，又は将来これを受けるものの一代に限り，その効力を有する。

第十五条【公務員の選定罷免権，公務員の性質，普通選挙と秘密投票の保障】

1　公務員を選定し，及びこれを罷免することは，国民固有の権利である。
　2　すべて公務員は，全体の奉仕者であつて，一部の奉仕者ではない。
　3　公務員の選挙については，成年者による普通選挙を保障する。
　4　すべて選挙における投票の秘密は，これを侵してはならない。選挙人は，その選択に関し公的にも私的にも責任を問はれない。

第十六条【請願権】
　何人も，損害の救済，公務員の罷免，法律，命令又は規則の制定，廃止又は改正その他の事項に関し，平穏に請願する権利を有し，かかる請願をしたためにいかなる差別待遇も受けない。

第十七条【国及び公共団体の賠償責任】
　何人も，公務員の不法行為により，損害を受けたときは，法律の定めるところにより，国又は公共団体に，その賠償を求めることができる。

第十八条【奴隷的拘束及び苦役からの自由】
　何人も，いかなる奴隷的拘束も受けない。又，犯罪に因る処罰の場合を除いては，その意に反する苦役に服させられない。

第十九条【思想及び良心の自由】
　思想及び良心の自由は，これを侵してはならない。

第二十条【信教の自由，国の宗教活動の禁止】
　1　信教の自由は，何人に対してもこれを保障する。いかなる宗教団体も，国から特権を受け，又は政治上の権力を行使してはならない。
　2　何人も，宗教上の行為，祝典，儀式又は行事に参加することを強制されない。
　3　国及びその機関は，宗教教育その他いかなる宗教的活動もしてはならない。

第二十一条【集会・結社・表現の自由，検閲の禁止，通信の秘密】
　1　集会，結社及び言論，出版その他一切の表現の自由は，これを保障する。
　2　検閲は，これをしてはならない。通信の秘密は，これを侵してはならない。

第二十二条【居住・移転・職業選択の自由，外国移住・国籍離脱の自由】
　1　何人も，公共の福祉に反しない限り，居住，移転及び職業選択の自由を有する。
　2　何人も，外国に移住し，又は国籍を離脱する自由を侵されない。

第二十三条【学問の自由】
　学問の自由は，これを保障する。

第二十四条【家族生活における個人の尊厳と両性の平等】
　1　婚姻は，両性の合意のみに基いて成立し，夫婦が同等の権利を有することを基本として，相互の協力により，維持されなければならない。
　2　配偶者の選択，財産権，相続，住居の選定，離婚並びに婚姻及び家族に関するその他の事項に関しては，法律は，個人の尊厳と両性の本質的平等に立脚して制定されなければならない。

第二十五条【生存権，国の生存権保障義務】
　1　すべて国民は，健康で文化的な最低限度の生活を営む権利を有する。
　2　国は，すべての生活部面について，社会福祉，社会保障及び公衆衛生の向上及び増進に努めなければならない。

第二十六条【教育を受ける権利，教育の義務，義務教育の無償】
　1　すべて国民は，法律の定めるところにより，その能力に応じて，ひとしく教育を受ける権利を有する。
　2　すべて国民は，法律の定めるところにより，その保護する子女に普通教育を受けさせる義務を負ふ。義務教育は，これを無償とする。

第二十七条【労働の権利・義務，労働条件の基準，児童酷使の禁止】
　1　すべて国民は，勤労の権利を有し，義務を負ふ。
　2　賃金，就業時間，休息その他の勤労条件に関する基準は，法律でこれを定める。
　3　児童は，これを酷使してはならない。

第二十八条【労働者の団結権・団体交渉権その他団体行動権】
　勤労者の団結する権利及び団体交渉その他

の団体行動をする権利は、これを保障する。　　にこれを禁止する。
公務員による拷問及び残虐な刑罰は、絶対

2．旧教育基本法と「改正」教育基本法の比較

旧教育基本法	「改正」教育基本法
前文 　われらは、さきに、日本国憲法を確定し、民主的で文化的な国家を建設して、世界の平和と人類の福祉に貢献しようとする決意を示した。この理想の実現は、根本において教育の力にまつべきものである。 　われらは、個人の尊厳を重んじ、真理と平和を希求する人間の育成を期するとともに、普遍的にしてしかも個性豊かな文化の創造を目指す教育を普及徹底しなければならない。 　ここに、日本国憲法の精神に則り、教育の目的を明示して、新しい日本の教育の基本を確立するため、この法律を制定する。	前文 　我々日本国民は、たゆまぬ努力によって築いてきた民主的で文化的な国家を更に発展させるとともに、世界の平和と人類の福祉の向上に貢献することを願うものである。我々は、この理想を実現するため、個人の尊厳を重んじ、真理と正義を希求し、公共の精神を尊び、豊かな人間性と創造性を備えた人間の育成を期するとともに、伝統を継承し、新しい文化の創造を目指す教育を推進する。ここに、我々は、日本国憲法の精神にのっとり、我が国の未来を切り拓く教育の基本を確立し、その振興を図るため、この法律を制定する。
（教育の目的）第1条 教育は、人格の完成をめざし、平和的な国家及び社会の形成者として、真理と正義を愛し、個人の価値をたつとび、勤労と責任を重んじ、自主的精神に充ちた心身ともに健康な国民の育成を期して行われなければならない。	第1章　教育の目的及び理念 （教育の目的）第一条 教育は、人格の完成を目指し、平和で民主的な国家及び社会の形成者として必要な資質を備えた心身ともに健康な国民の育成を期して行われなければならない。
（教育の方針）第2条 教育の目的は、あらゆる機会に、あらゆる場所において実現されなければならない。この目的を達成するためには、学問の自由を尊重し、実際生活に即し、自発的精神を養い、自他の敬愛と協力によって、文化の創造と発展に貢献するように努めなければならない。	（教育の目標）第二条 教育は、その目的を実現するため、学問の自由を尊重しつつ、次に掲げる目標を達成するよう行われるものとする。 1　幅広い知識と教養を身に付け、真理を求める態度を養い、豊かな情操と道徳心を培うとともに、健やかな身体を養うこと。 2　個人の価値を尊重して、その能力を伸ばし、創造性を培い、自主及び自律の精神を養うとともに、職業及び生活との関連を重視し、勤労を重んずる態度を養うこと。 3　正義と責任、男女の平等、自他の敬愛と協力を重んずるとともに、公共の精神に基づき、主体的に社会の形成に参画し、その発展に寄与する態度を養うこと。 4　生命を尊び、自然を大切にし、環境の保全に寄与する態度を養うこと。 5　伝統と文化を尊重し、それらをはぐくん

関連：第7条	できた我が国と郷土を愛するとともに，他国を尊重し，国際社会の平和と発展に寄与する態度を養うこと。
	（生涯学習）第三条 国民一人一人が，自己の人格を磨き，豊かな人生を送ることができるよう，その生涯にわたって，あらゆる機会に，あらゆる場所において学習することができ，その成果を適切に生かすことのできる社会の実現が図られなければならない。
（教育の機会均等）第3条 すべて国民は，ひとしく，その能力に応ずる教育を受ける機会を与えられなければならないものであって，人種，信条，性別，社会的身分，経済的地位又は門地によって，教育上差別されない。 国及び地方公共団体は，能力があるにもかかわらず，経済的理由によって就学困難な者に対して，奨学の方法を講じなければならない。	（教育の機会均等）第四条 1　すべて国民は，ひとしく，その能力に応じた教育を受ける機会を与えられなければならず，人種，信条，性別，社会的身分，経済的地位又は門地によって，教育上差別されない。 2　国及び地方公共団体は，障害のある者が，その障害の状態に応じ，十分な教育を受けられるよう，教育上必要な支援を講じなければならない。 3　国及び地方公共団体は，能力があるにもかかわらず，経済的理由によって就学が困難な者に対して，奨学の措置を講じなければならない。
（義務教育）第4条 国民は，その保護する子女に，9年の普通教育を受けさせる義務を負う。 2　国又は地方公共団体の設置する学校における義務教育については，授業料は，これを徴収しない。	第2章　教育の実施に関する基本（義務教育）第五条 国民は，その保護する子に，別に法律で定めるところにより，普通教育を受けさせる義務を負う。 2　義務教育として行われる普通教育は，各個人の有する能力を伸ばしつつ社会において自立的に生きる基礎を培い，また，国家及び社会の形成者として必要とされる基本的な資質を養うことを目的として行われるものとする。 3　国及び地方公共団体は，義務教育の機会を保障し，その水準を確保するため，適切な役割分担及び相互の協力の下，その実施に責任を負う。 4　国又は地方公共団体の設置する学校における義務教育については，授業料を徴収しない。

2．旧教育基本法と「改正」教育基本法の比較

（男女共学）第5条 男女は，互いに敬重し，協力しあわなければならないものであって，教育上男女の共学は，認められなければならない。	削除。二条三項に関連あり。
（学校教育）第6条 法律に定める学校は，公の性質をもつものであつて，国又は地方公共団体の外，法律に定める法人のみが，これを設置することができる。 2　法律に定める学校の教員は，全体の奉仕者であって，自己の使命を自覚し，その職責の遂行に努めなければならない。このためには，教員の身分は，尊重され，その待遇の適正が，期せられなければならない。	（学校教育）第六条 1　法律に定める学校は，公の性質を有するものであって，国，地方公共団体及び法律に定める法人のみが，これを設置することができる。 2　前項の学校においては，教育の目標が達成されるよう，教育を受ける者の心身の発達に応じて，体系的な教育が組織的に行われなければならない。この場合において，教育を受ける者が，学校生活を営む上で必要な規律を重んずるとともに，自ら進んで学習に取り組む意欲を高めることを重視して行われなければならない。
	（大学）第七条 1　大学は，学術の中心として，高い教養と専門的能力を培うとともに，深く真理を探究して新たな知見を創造し，これらの成果を広く社会に提供することにより，社会の発展に寄与するものとする。 2　大学については，自主性，自律性その他の大学における教育及び研究の特性が尊重されなければならない。
	（私立学校）第八条 私立学校の有する公の性質及び学校教育において果たす重要な役割にかんがみ，国及び地方公共団体は，その自主性を尊重しつつ，助成その他の適当な方法によって私立学校教育の振興に努めなければならない。
関連：第6条	（教員）第九条 1　法律に定める学校の教員は，自己の崇高な使命を深く自覚し，絶えず研究と修養に励み，その職責の遂行に努めなければならない。 2　前項の教員については，その使命と職責の重要性にかんがみ，その身分は尊重され，待遇の適正が期せられるとともに，養成と研修の充実が図られなければならない。
	（家庭教育）第十条 1　父母その他の保護者は，子の教育につい

	て第一義的責任を有するものであって、生活のために必要な習慣を身に付けさせるとともに、自立心を育成し、心身の調和のとれた発達を図るよう努めるものとする。 2　国及び地方公共団体は、家庭教育の自主性を尊重しつつ、保護者に対する学習の機会及び情報の提供その他の家庭教育を支援するために必要な施策を講ずるよう努めなければならない。
	（幼児期の教育）第十一条 幼児期の教育は、生涯にわたる人格形成の基礎を培う重要なものであることにかんがみ、国及び地方公共団体は、幼児の健やかな成長に資する良好な環境の整備その他適当な方法によって、その振興に努めなければならない。
	（社会教育）第十二条 1　個人の要望や社会の要請にこたえ、社会において行われる教育は、国及び地方公共団体によって奨励されなければならない。 2　国及び地方公共団体は、図書館、博物館、公民館その他の社会教育施設の設置、学校の施設の利用、学習の機会及び情報の提供その他の適当な方法によって社会教育の振興に努めなければならない。
（社会教育）第7条 家庭教育及び勤労の場所その他社会において行われる教育は、国及び地方公共団体によって奨励されなければならない。 2　国及び地方公共団体は、図書館、博物館、公民館等の施設の設置、学校の施設の利用その他適当な方法によって教育の目的の実現に努めなければならない。	（学校、家庭および地域住民などの相互の連携協力）第十三条 学校、家庭及び地域住民その他の関係者は、教育におけるそれぞれの役割と責任を自覚するとともに、相互の連携及び協力に努めるものとする。
（政治教育）第8条 良識ある公民たるに必要な政治的教養は、教育上これを尊重しなければならない。 2　法律に定める学校は、特定の政党を支持し、又はこれに反対するための政治教育その他政治的活動をしてはならない。	（政治教育）第十四条 1　良識ある公民として必要な政治的教養は、教育上尊重されなければならない。 2　法律に定める学校は、特定の政党を支持し、又はこれに反対するための政治教育その他政治的活動をしてはならない。
（宗教教育）第9条 宗教に関する寛容の態度及び宗教の社会生活における地位は、教育上これを尊重しなければならない。	（宗教教育）第十五条 1　宗教に関する寛容の態度、宗教に関する一般的な教養及び宗教の社会生活における地位は、教育上尊重されなければならない。

2　国及び地方公共団体が設置する学校は，特定の宗教のための宗教教育その他宗教的活動をしてはならない。	2　国及び地方公共団体が設置する学校は，特定の宗教のための宗教教育その他宗教的活動をしてはならない。
（教育行政）第10条 1　教育は，不当な支配に服することなく，国民全体に対し直接に責任を負って行われるべきものである。	第3章　教育行政（教育行政）第十六条 1　教育は，不当な支配に服することなく，この法律及び他の法律の定めるところにより行われるべきものであり，教育行政は，国と地方公共団体との適切な役割分担及び相互の協力の下，公正かつ適正に行われなければならない。 2　国は，全国的な教育の機会均等と教育水準の維持向上を図るため，教育に関する施策を総合的に策定し，実施しなければならない。 3　地方公共団体は，その地域における教育の振興を図るため，その実情に応じた教育に関する施策を策定し，実施しなければならない。 4　国及び地方公共団体は，教育が円滑かつ継続的に実施されるよう，必要な財政上の措置を講じなければならない。
（教育行政）第10条 2　教育行政は，この自覚のもとに，教育の目的を遂行するに必要な諸条件の整備確立を目標として行われなければならない。	（教育振興基本計画）第十七条 1　政府は，教育の振興に関する施策の総合的かつ計画的な推進を図るため，教育の振興に関する施策についての基本的な方針及び講ずべき施策その他必要な事項について，基本的な計画を定め，これを国会に報告するとともに，公表しなければならない。 2　地方公共団体は，前項の計画を参酌し，その地域の実情に応じ，当該地方公共団体における教育の振興のための施策に関する基本的な計画を定めるよう努めなければならない。
（補則）第11条 この法律に掲げる諸条項を実施するために必要がある場合には，適当な法令が制定されなければならない。	第4章　法令の制定（補則）第十八条 この法律に規定する諸条項を実施するため，必要な法令が制定されなければならない。

3．小学校学習指導要領（抜粋）

総則

第1 教育課程編成の一般方針

1　各学校においては，法令及びこの章以下に示すところに従い，児童の人間として調和のとれた育成を目指し，地域や学校の実態及び児童の心身の発達段階や特性を十分考慮して，適切な教育課程を編成するものとする。
　　学校の教育活動を進めるに当たっては，各学校において，児童に生きる力をはぐくむことを目指し，創意工夫を生かし特色ある教育活動を展開する中で，自ら学び自ら考える力の育成を図るとともに，基礎的・基本的な内容の確実な定着を図り，個性を生かす教育の充実に努めなければならない。
2　学校における道徳教育は，学校の教育活動全体を通じて行うものであり，道徳の時間をはじめとして各教科，特別活動及び総合的な学習の時間のそれぞれの特質に応じて適切な指導を行わなければならない。
　　道徳教育は，教育基本法及び学校教育法に定められた教育の根本精神に基づき，人間尊重の精神と生命に対する畏（い）敬の念を家庭，学校，その他社会における具体的な生活の中に生かし，豊かな心をもち，個性豊かな文化の創造と民主的な社会及び国家の発展に努め，進んで平和的な国際社会に貢献し未来を拓（ひら）く主体性のある日本人を育成するため，その基盤としての道徳性を養うことを目標とする。
　　道徳教育を進めるに当たっては，教師と児童及び児童相互の人間関係を深めるとともに，家庭や地域社会との連携を図りながら，ボランティア活動や自然体験活動などの豊かな体験を通して児童の内面に根ざした道徳性の育成が図られるよう配慮しなければならない。
3　学校における体育・健康に関する指導は，学校の教育活動全体を通じて適切に行うものとする。特に，体力の向上及び心身の健康の保持増進に関する指導については，体育科の時間はもとより，特別活動などにおいてもそれぞれの特質に応じて適切に行うよう努めることとする。また，それらの指導を通して，家庭や地域社会との連携を図りながら，日常生活において適切な体育・健康に関する活動の実践を促し，生涯を通じて健康・安全で活力ある生活を送るための基礎が培われるよう配慮しなければならない。

第2 内容等の取扱いに関する共通的事項

1　第2章以下に示す各教科，道徳及び特別活動の内容に関する事項は，特に示す場合を除き，いずれの学校においても取り扱わなければならない。
2　学校において特に必要がある場合には，第2章以下に示していない内容を加えて指導することができる。また，第2章以下に示す内容の取扱いのうち内容の範囲や程度等を示す事項は，すべての児童に対して指導するものとする内容の範囲や程度等を示したものであり，学校において特に必要がある場合には，この事項にかかわらず指導することができる。ただし，これらの場合には，第2章以下に示す各教科，道徳，特別活動及び各学年の目標や内容の趣旨を逸脱したり，児童の負担過重となったりすることのないようにしなければならない。
3　第2章以下に示す各教科，道徳，特別活動及び各学年の内容に掲げる事項の順序は，特に示す場合を除き，指導の順序を示すものではないので，学校においては，その取扱いについて適切な工夫を加えるものとする。
4　学年の目標及び内容を2学年まとめて示した教科の内容は，2学年間かけて指導する事項を示したものである。各学校においては，これらの事項を地域や学校

及び児童の実態に応じ，2学年間を見通して計画的に指導することとし，特に示す場合を除き，いずれかの学年に分けて指導したり，いずれの学年においても指導したりするものとする。
5 学校において2以上の学年の児童で編制する学級について特に必要がある場合には，各教科及び道徳の目標の達成に支障のない範囲内で，各教科及び道徳の目標及び内容について学年別の順序によらないことができる。

第3 総合的な学習の時間の取扱い

1 総合的な学習の時間においては，各学校は，地域や学校，児童の実態等に応じて，横断的・総合的な学習や児童の興味・関心等に基づく学習など創意工夫を生かした教育活動を行うものとする。
2 総合的な学習の時間においては，次のようなねらいをもって指導を行うものとする。
 (1) 自ら課題を見付け，自ら学び，自ら考え，主体的に判断し，よりよく問題を解決する資質や能力を育てること。
 (2) 学び方やものの考え方を身に付け，問題の解決や探究活動に主体的，創造的に取り組む態度を育て，自己の生き方を考えることができるようにすること。
 (3) 各教科，道徳及び特別活動で身に付けた知識や技能等を相互に関連付け，学習や生活において生かし，それらが総合的に働くようにすること。
3 各学校においては，1及び2に示す趣旨及びねらいを踏まえ，総合的な学習の時間の目標及び内容を定め，例えば国際理解，情報，環境，福祉・健康などの横断的・総合的な課題，児童の興味・関心に基づく課題，地域や学校の特色に応じた課題などについて，学校の実態に応じた学習活動を行うものとする。
4 各学校においては，学校における全教育活動との関連の下に，目標及び内容，育てようとする資質や能力及び態度，学習活動，指導方法や指導体制，学習の評価の計画などを示す総合的な学習の時間の全体計画を作成するものとする。
5 各学校における総合的な学習の時間の名称については，各学校において適切に定めるものとする。
6 総合的な学習の時間の学習活動を行うに当たっては，次の事項に配慮するものとする。
 (1) 目標及び内容に基づき，児童の学習状況に応じて教師が適切な指導を行うこと。
 (2) 自然体験やボランティア活動などの社会体験，観察・実験，見学や調査，発表や討論，ものづくりや生産活動など体験的な学習，問題解決的な学習を積極的に取り入れること。
 (3) グループ学習や異年齢集団による学習などの多様な学習形態，地域の人々の協力も得つつ全教師が一体となって指導に当たるなどの指導体制について工夫すること。
 (4) 学校図書館の活用，他の学校との連携，公民館，図書館，博物館等の社会教育施設や社会教育関係団体等の各種団体との連携，地域の教材や学習環境の積極的な活用などについて工夫すること。
 (5) 国際理解に関する学習の一環としての外国語会話等を行うときは，学校の実態等に応じ，児童が外国語に触れたり，外国の生活や文化などに慣れ親しんだりするなど小学校段階にふさわしい体験的な学習が行われるようにすること。

第4 授業時数等の取扱い

1 各教科，道徳，特別活動及び総合的な学習の時間（以下「各教科等」という。ただし，1及び3において，特別活動については学級活動（学校給食に係るものを除く。）に限る。）の授業は，年間35週（第1学年については34週）以上にわたって行うよう計画し，週当たりの授業時

数が児童の負担過重にならないようにするものとする。ただし，各教科等や学習活動の特質に応じ効果的な場合には，これらの授業を特定の期間に行うことができる。なお，給食，休憩などの時間については，学校において工夫を加え，適切に定めるものとする。
2　特別活動の授業のうち，児童会活動，クラブ活動及び学校行事については，それらの内容に応じ，年間，学期ごと，月ごとなどに適切な授業時数を充てるものとする。
3　各教科等のそれぞれの授業の1単位時間は，各学校において，各教科等の年間授業時数を確保しつつ，児童の発達段階及び各教科等や学習活動の特質を考慮して適切に定めるものとする。
4　各学校においては，地域や学校及び児童の実態，各教科等や学習活動の特質等に応じて，創意工夫を生かし時間割を弾力的に編成することに配慮するものとする。

第5　指導計画の作成等に当たって配慮すべき事項

1　各学校においては，次の事項に配慮しながら，学校の創意工夫を生かし，全体として，調和のとれた具体的な指導計画を作成するものとする。
 (1)　各教科等及び各学年相互間の関連を図り，系統的，発展的な指導ができるようにすること。
 (2)　学年の目標及び内容を2学年まとめて示した教科については，当該学年間を見通して，地域や学校及び児童の実態に応じ，児童の発達段階を考慮しつつ，効果的，段階的に指導するようにすること。
 (3)　各教科の各学年の指導内容については，そのまとめ方や重点の置き方に適切な工夫を加えるとともに，教材等の精選を図り，効果的な指導ができるようにすること。
 (4)　児童の実態等を考慮し，指導の効果を高めるため，合科的・関連的な指導を進めること。
2　以上のほか，次の事項に配慮するものとする。
 (1)　学校生活全体を通して，言語に対する関心や理解を深め，言語環境を整え，児童の言語活動が適正に行われるようにすること。
 (2)　各教科等の指導に当たっては，体験的な学習や問題解決的な学習を重視するとともに，児童の興味・関心を生かし，自主的，自発的な学習が促されるよう工夫すること。
 (3)　日ごろから学級経営の充実を図り，教師と児童の信頼関係及び児童相互の好ましい人間関係を育てるとともに児童理解を深め，生徒指導の充実を図ること。
 (4)　各教科等の指導に当たっては，児童が学習課題や活動を選択したり，自らの将来について考えたりする機会を設けるなど工夫すること。
 (5)　各教科等の指導に当たっては，児童が学習内容を確実に身に付けることができるよう，学校や児童の実態に応じ，個別指導やグループ別指導，繰り返し指導，学習内容の習熟の程度に応じた指導，児童の興味・関心等に応じた課題学習，補充的な学習や発展的な学習などの学習活動を取り入れた指導，教師の協力的な指導など指導方法や指導体制を工夫改善し，個に応じた指導の充実を図ること。
 (6)　障害のある児童などについては，児童の実態に応じ，指導内容や指導方法を工夫すること。特に，特殊学級又は通級による指導については，教師間の連携に努め，効果的な指導を行うこと。
 (7)　海外から帰国した児童などについては，学校生活への適応を図るとともに，外国における生活経験を生かすなど適切な指導を行うこと。
 (8)　各教科等の指導に当たっては，児童がコンピュータや情報通信ネットワー

クなどの情報手段に慣れ親しみ，適切に活用する学習活動を充実するとともに，視聴覚教材や教育機器などの教材・教具の適切な活用を図ること。
(9) 学校図書館を計画的に利用しその機能の活用を図り，児童の主体的，意欲的な学習活動や読書活動を充実すること。
(10) 児童のよい点や進歩の状況などを積極的に評価するとともに，指導の過程や成果を評価し，指導の改善を行い学習意欲の向上に生かすようにすること。
(11) 開かれた学校づくりを進めるため，地域や学校の実態等に応じ，家庭や地域の人々の協力を得るなど家庭や地域社会との連携を深めること。また，小学校間や幼稚園，中学校，盲学校，聾（ろう）学校及び養護学校などとの間の連携や交流を図るとともに，障害のある幼児児童生徒や高齢者などとの交流の機会を設けること。

4．中学校学習指導要領（抜粋）

第4　総合的な学習の時間の取扱い
1　総合的な学習の時間においては，各学校は，地域や学校，生徒の実態等に応じて，横断的・総合的な学習や生徒の興味・関心等に基づく学習など創意工夫を生かした教育活動を行うものとする。
2　総合的な学習の時間においては，次のようなねらいをもって指導を行うものとする。
(1) 自ら課題を見付け，自ら学び，自ら考え，主体的に判断し，よりよく問題を解決する資質や能力を育てること。
(2) 学び方やものの考え方を身に付け，問題の解決や探究活動に主体的，創造的に取り組む態度を育て，自己の生き方を考えることができるようにすること。
(3) 各教科，道徳及び特別活動で身に付けた知識や技能等を相互に関連付け，学習や生活において生かし，それらが総合的に働くようにすること。
3　各学校においては，1及び2に示す趣旨及びねらいを踏まえ，総合的な学習の時間の目標及び内容を定め，例えば国際理解，情報，環境，福祉・健康などの横断的・総合的な課題，生徒の興味・関心に基づく課題，地域や学校の特色に応じた課題などについて，学校の実態に応じた学習活動を行うものとする。
4　各学校においては，学校における全教育活動との関連の下に，目標及び内容，育てようとする資質や能力及び態度，学習活動，指導方法や指導体制，学習の評価の計画などを示す総合的な学習の時間の全体計画を作成するものとする。
5　各学校における総合的な学習の時間の名称については，各学校において適切に定めるものとする。
6　総合的な学習の時間の学習活動を行うに当たっては，次の事項に配慮するものとする。
(1) 目標及び内容に基づき，生徒の学習状況に応じて教師が適切な指導を行うこと。
(2) 自然体験やボランティア活動などの社会体験，観察・実験，見学や調査，発表や討論，ものづくりや生産活動など体験的な学習，問題解決的な学習を積極的に取り入れること。
(3) グループ学習や異年齢集団による学習などの多様な学習形態，地域の人々の協力も得つつ全教師が一体となって指導に当たるなどの指導体制について工夫すること。
(4) 学校図書館の活用，他の学校との連携，公民館，図書館，博物館等の社会教育施設や社会教育関係団体等の各種団体との連携，地域の教材や学習環境の積極的な活用などについて工夫すること。

第5 授業時数等の取扱い

1　各教科，道徳，特別活動及び総合的な学習の時間（以下「各教科等」という。ただし，1及び3において，特別活動については学級活動（学校給食に係るものを除く。）に限る。）の授業は，年間35週以上にわたって行うよう計画し，週当たりの授業時数が生徒の負担過重にならないようにするものとする。ただし，各教科等（特別活動を除く。）や学習活動の特質に応じ効果的な場合には，これらの授業を特定の期間に行うことができる。なお，給食，休憩などの時間については，学校において工夫を加え，適切に定めるものとする。

2　特別活動の授業のうち，生徒会活動及び学校行事については，それらの内容に応じ，年間，学期ごと，月ごとなどに適切な授業時数を充てるものとする。

3　各教科等のそれぞれの授業の1単位時間は，各学校において，各教科等の年間授業時数を確保しつつ，生徒の発達段階及び各教科等や学習活動の特質を考慮して適切に定めるものとする。

第6 指導計画の作成等に当たって配慮すべき事項

1　各学校においては，次の事項に配慮しながら，学校の創意工夫を生かし，全体として，調和のとれた具体的な指導計画を作成するものとする。
 (1)　各教科等及び各学年相互間の関連を図り，系統的，発展的な指導ができるようにすること。
 (2)　各教科の各学年，各分野又は各言語の指導内容については，そのまとめ方や重点の置き方に適切な工夫を加えるとともに，教材等の精選を図り，効果的な指導ができるようにすること。

2　以上のほか，次の事項に配慮するものとする。
 (1)　学校生活全体を通して，言語に対する関心や理解を深め，言語環境を整え，生徒の言語活動が適正に行われるようにすること。
 (2)　各教科等の指導に当たっては，体験的な学習や問題解決的な学習を重視するとともに，生徒の興味・関心を生かし，自主的，自発的な学習が促されるよう工夫すること。
 (3)　教師と生徒の信頼関係及び生徒相互の好ましい人間関係を育てるとともに生徒理解を深め，生徒が自主的に判断，行動し積極的に自己を生かしていくことができるよう，生徒指導の充実を図ること。
 (4)　生徒が自らの生き方を考え主体的に進路を選択することができるよう，学校の教育活動全体を通じ，計画的，組織的な進路指導を行うこと。
 (5)　生徒が学校や学級での生活によりよく適応するとともに，現在及び将来の生き方を考え行動する態度や能力を育成することができるよう，学校の教育活動全体を通じ，ガイダンスの機能の充実を図ること。
 (6)　各教科等の指導に当たっては，生徒が学習内容を確実に身に付けることができるよう，学校や生徒の実態に応じ，個別指導やグループ別指導，学習内容の習熟の程度に応じた指導，生徒の興味・関心等に応じた課題学習，補充的な学習や発展的な学習などの学習活動を取り入れた指導，教師の協力的な指導など指導方法や指導体制を工夫改善し，個に応じた指導の充実を図ること。
 (7)　障害のある生徒などについては，生徒の実態に応じ，指導内容や指導方法を工夫すること。特に，特殊学級又は通級による指導については，教師間の連携に努め，効果的な指導を行うこと。
 (8)　海外から帰国した生徒などについては，学校生活への適応を図るとともに，外国における生活経験を生かすなど適切な指導を行うこと。
 (9)　各教科等の指導に当たっては，生徒がコンピュータや情報通信ネットワー

クなどの情報手段を積極的に活用できるようにするための学習活動の充実に努めるとともに，視聴覚教材や教育機器などの教材・教具の適切な活用を図ること。
(10)　学校図書館を計画的に利用しその機能の活用を図り，生徒の主体的，意欲的な学習活動や読書活動を充実すること。
(11)　生徒のよい点や進歩の状況などを積極的に評価するとともに，指導の過程や成果を評価し，指導の改善を行い学習意欲の向上に生かすようにすること。
(12)　開かれた学校づくりを進めるため，地域や学校の実態等に応じ，家庭や地域の人々の協力を得るなど家庭や地域社会との連携を深めること。また，中学校間や小学校，高等学校，盲学校，聾（ろう）学校及び養護学校などとの間の連携や交流を図るとともに，障害のある幼児児童生徒や高齢者などとの交流の機会を設けること。

5．高等学校学習指導要領（抜粋）

総則
第4款　総合的な学習の時間
1　総合的な学習の時間においては，各学校は，地域や学校，生徒の実態等に応じて，横断的・総合的な学習や生徒の興味・関心等に基づく学習など創意工夫を生かした教育活動を行うものとする。
2　総合的な学習の時間においては，次のようなねらいをもって指導を行うものとする。
　(1)　自ら課題を見付け，自ら学び，自ら考え，主体的に判断し，よりよく問題を解決する資質や能力を育てること。
　(2)　学び方やものの考え方を身に付け，問題の解決や探究活動に主体的，創造的に取り組む態度を育て，自己の在り方生き方を考えることができるようにすること。
　(3)　各教科・科目及び特別活動で身に付けた知識や技能等を相互に関連付け，学習や生活において生かし，それらが総合的に働くようにすること。
3　各学校においては，上記1及び2に示す趣旨及びねらいを踏まえ，総合的な学習の時間の目標及び内容を定め，地域や学校の特色，生徒の特性等に応じ，例えば，次のような学習活動などを行うものとする。
　ア　国際理解，情報，環境，福祉・健康などの横断的・総合的な課題についての学習活動
　イ　生徒が興味・関心，進路等に応じて設定した課題について，知識や技能の深化，総合化を図る学習活動
　ウ　自己の在り方生き方や進路について考察する学習活動
4　各学校においては，学校における全教育活動との関連の下に，目標及び内容，育てようとする資質や能力及び態度，学習活動，指導方法や指導体制，学習の評価の計画などを示す総合的な学習の時間の全体計画を作成するものとする。
5　各学校における総合的な学習の時間の名称については，各学校において適切に定めるものとする。
6　総合的な学習の時間の学習活動を行うに当たっては，次の事項に配慮するものとする。
　(1)　目標及び内容に基づき，生徒の学習状況に応じて教師が適切な指導を行うこと。
　(2)　自然体験やボランティア活動，就業体験などの社会体験，観察・実験・実習，調査・研究，発表や討論，ものづくりや生産活動など体験的な学習，問題解決的な学習を積極的に取り入れること。
　(3)　グループ学習や個人研究などの多様な学習形態，地域の人々の協力も得つ

つ全教師が一体となって指導に当たるなどの指導体制について工夫すること。
(4) 学校図書館の活用，他の学校との連携，公民館，図書館，博物館等の社会教育施設や社会教育関係団体等の各種団体との連携，地域の教材や学習環境の積極的な活用などについて工夫すること。
(5) 総合学科においては，総合的な学習の時間における学習活動として，原則として上記3のイに示す活動を含むこと。
7 職業教育を主とする学科においては，総合的な学習の時間における学習活動により，農業，工業，商業，水産，家庭若しくは情報の各教科に属する「課題研究」，「看護臨床実習」又は「社会福祉演習」（以下この項において「課題研究等」という。）の履修と同様の成果が期待できる場合においては，総合的な学習の時間における学習活動をもって課題研究等の履修の一部又は全部に替えることができる。また，課題研究等の履修により，総合的な学習の時間における学習活動と同様の成果が期待できる場合においては，課題研究等の履修をもって総合的な学習の時間における学習活動の一部又は全部に替えることができる。

第5款 各教科・科目，特別活動及び総合的な学習の時間の授業時数等

1 全日制の課程における各教科・科目及びホームルーム活動の授業は，年間35週行うことを標準とし，必要がある場合には，各教科・科目の授業を特定の学期又は期間に行うことができる。
2 全日制の課程（単位制による課程を除く。）における週当たりの授業時数は，30単位時間を標準とする。
3 定時制の課程における授業日数の季節的配分又は週若しくは1日当たりの授業時数については，生徒の勤労状況と地域の諸事情等を考慮して，適切に定めるものとする。
4 ホームルーム活動の授業時数については，原則として，年間35単位時間以上とするものとする。
5 定時制の課程において，特別の事情がある揚合には，ホームルーム活動の授業時数の一部を減ずることができる。
6 生徒会活動及び学校行事については，学校の実態に応じて，それぞれ適切な授業時数を充てるものとする。
7 総合的な学習の時間の授業時数については，卒業までに105～210単位時間を標準とし，各学校において，学校や生徒の実態に応じて，適切に配当するものとする。
8 各教科・科目，特別活動及び総合的な学習の時間（以下「各教科・科目等」という。）のそれぞれの授業の1単位時間は，各学校において，各教科・科目等の授業時数を確保しつつ，生徒の実態及び各教科・科目等の特質を考慮して適切に定めるものとする。

執筆者紹介

森山 賢一　常磐大学人間科学部助教授
　　　　　　はじめに　第1部第1章，第2章　第2部第2章，第5章

上松 信義　常磐大学非常勤講師
　　　　　　第1部第2章，第3章，第4章　第2部第3章
　　　　　　第3部第1章，第2章　おわりに

黒田 利英　常磐大学非常勤講師
　　　　　　第2部第1章

伊東　健　常磐大学非常勤講師
　　　　　　第2部第2章

柏　頼英　常磐大学非常勤講師
　　　　　　第2部第2章

瀬尾 京子　常磐大学非常勤講師
　　　　　　第2部第4章

（執筆順）

編著者紹介

森山　賢一（もりやま　けんいち）

　常磐大学人間科学部助教授・博士（人間科学）
　専攻　学校教育学・教師教育・教育実践学
　主な著書
　『教育学概論』（共著）岩崎学術出版社　2001年
　『社会科教育のアプローチ』（共著）現代教育社　2002年
　『子ども理解と援助』（共著）保育出版社　2004年　など

総合演習の理論と実践

2007年4月15日　第1版第1刷発行

編著者　森山　賢一

発行者　田中　千津子　〒153-0064　東京都目黒区下目黒3-6-1
　　　　　　　　　　　　電話　03（3715）1501㈹
発行所　株式会社 学文社　FAX　03（3715）2012
　　　　　　　　　　　　http://www.gakubunsha.com

Ⓒ Kenichi MORIYAMA 2007　　　　印刷所　新灯印刷
　　　　　　　　　　　　　　　　　製本所　小泉企画
乱丁・落丁の場合は本社でお取替えします。
定価は売上カード，カバーに表示。

ISBN978-4-7620-1647-9

岩内亮一・本吉修二・明石要一編集代表	学校教育，社会教育から教育心理学まで，教育分野の基本的かつ標準的な用語を精選し簡潔に解説。教育学の各分野で活躍する気鋭の研究者70名余の執筆陣を擁し，事項約800，人名約100項目を収録する。
教育学用語辞典〔第四版〕 四六判 304頁 定価 2625円	1560-1 C3537
柴田義松・宮坂琇子・森岡修一編著	教員免許取得のために大学で学ぶ教職課程の諸科目である教育学，教育心理学，教育史等の基本用語を各分野別に配列し，解説。採用試験に役立つ基本用語を精選したコンパクトな一冊。
教職基本用語辞典 四六判 320頁 定価 2625円	1301-3 C3037
柴田義松編著	教員養成のあり方が問われ，「教育学」の内容についてもきびしい反省が求められている。教師がもつべき豊かな教養の核となる教育学とはどのような学問であるかについて，教育の原点に立ち返り探究。
教 育 学 を 学 ぶ A5判 160頁 定価 1785円	0944-X C3037
柴田義松編著	学校は子どもに何を教え，何を学ばせたらよいか。子どもの必要と社会的必要にもとづき吟味し評価。教育課程の意義と歴史，教育課程編成の原理と方法と2部立て。教育課程編成の社会的基礎，ほか。
教 育 課 程 論 A5判 188頁 定価 1890円	1032-4 C3037
丸橋唯郎・佐藤隆之編著	学ぶものの視点にできるだけ寄り添い，教育に関する学びのサポートをめざして編まれた教育学入門書。基礎編では基礎知識や理論にふれ問いにとりくみ，応用編ではコミュニケーションを中心に考察する。
学 生 と 語 る 教 育 学 A5判 192頁 定価 1890円	1173-8 C3037
白井 愼・寺﨑昌男 黒澤英典・別府昭郎 編著	これから教育実習に行く人，実習中に困ったことが起き疑問を抱くなどした人，実習終了後さらにその経験を深めようと考えている人のために，学生の目線からまとめられた質問集。第一級執筆陣が回答。
教 育 実 習 57 の 質 問 A5判 152頁 定価 1575円	0430-8 C3037
柴田義松編著	教職への入門書として，教師がもつべき専門的教養の中核となる教育の方法と技術とは。学力と教育評価，授業改造と情報機器ほか，子どもに正しい効果的な学び方を指導し，みずから学ぶ力をつけさせる。
教 育 の 方 法 と 技 術 A5判 157頁 定価 1785円	1031-6 C3037
佐藤順一編著	教職教養として日本の近代教育制度全般についての知識を習得できるよう配慮。戦後の教育制度の変遷をたどりつつ，多様化する社会，現代日本の教育の状況をふまえた視角を重んじ幅広く概説した。
現 代 教 育 制 度 A5判 240頁 定価 2520円	1353-6 C3037

土屋基規編著	教職の意義や採用試験，現代的な課題や諸問題，国際比較に至るまで，教員養成を理論的，実践的に現場の声も含めて綿密に論じる。多様な現場経験者の参加による充実した教職論。
現代教職論 A5判 280頁 定価2520円	1523-7 C3037

柴田義松・山﨑準二編著	学校教員のライフコース全体を見渡し，日常活動，法制の基礎認識に加え，学校内外活動にもふれた。現職教員の参加も得て執筆された活きた教職入門書。「教職の意義等に関する科目」の授業用に最適。
教職入門 A5判 184頁 定価1890円	1191-6 C3037

佐島群巳・黒岩純子編著	教師として子どもとどのように向かい合い，行動（指導）していくべきかなど，教師の在り方の根本を問いなおしつつ，教育力＝実践指導力を磨くために必須の思考や知識を平易に解説。
教職論 ──教師をめざす人のために── A5判 136頁 定価1470円	1345-5 C3037

伊藤敬編著	教師と子どもをめぐる現状を分析し，打開の方向を見定めることから始まり，その打開の方向を教育活動のさまざまな領域で模索した実践のあり様を具体的に提示し，そのために必要な課題を提示する。
21世紀の学校と教師 ──教職入門── A5判 240頁 定価2415円	0940-7 C3037

永井聖二・古賀正義編	今日ほど教師の質が問われている時代はない。教師の仕事はその性質をおおいに変容させている。教師が現実にいかなる教育的行為をなし，問題の克服に意を尽くすべきか，気鋭の研究者9氏による論考。
《教師》という仕事＝ワーク 四六判 240頁 定価2310円	0967-9 C3037

小島弘道・北神正行・水本徳明・ 平井貴美代・安藤知子著	教師とはいかにあるべきか，教職とはどのような職業なのか。教職の歴史，制度，現状，職務，専門性，力量から考察。指導力不足教員問題やコミュニティスクールの法制化等変化する教育制度を見据えた。
教師の条件〔第二版〕 ──授業と学校をつくる力── A5判 256頁 定価2520円	1594-6 C3037

別府昭郎著	学校教師という専門職業人（プロフェッショナル）として必要な能力を専門能力・社会的能力・教授（方法）能力と規定し，それを作り上げていく上で必須の自己発見，自己獲得，自己創造の方法を明示する。
学校教師になる A5判 192頁 定価1995円	1468-0 C3037

大庭茂美・赤星晋作編著	学校という機構に着目しながら，教師の養成・採用・研修のうえでの力量形成の現状と課題を探った。教職の意義，教師の職務，現場教師の実際，教師の採用と研修，教師の養成と免許，生涯学習社会と教師等。
学校教師の探究 A5判 217頁 定価2415円	1058-8 C3037

教育学のポイント・シリーズ

柴田義松・山崎準二編著
教育原論
A5判　160頁　定価 1575円

教育学の全領域を網羅し，基本的知識を一問一答形式で簡易に解説。多岐にわたる知識の整理と点検に役立ち，新たな教育問題への研究・実践の諸成果も踏まえる。
1396-X C3337

柴田義松・斉藤利彦編著
教育史
A5判　160頁　定価 1575円

人間とその教育のあり方に関する興味をかきたて，時代や社会と人間との関係に対する歴史意識を高めていくという観点から編集。外国教育史編と日本教育史編の2部。
1397-8 C3337

柴田義松・山崎準二編著
教育の方法と技術
A5判　160頁　定価 1575円

教育方法学における基本的知識の全領域をおさめ，多岐にわたる知識の整理と点検に役立つよう配慮。現代的課題の学習にも対応した一問一答形式テキスト。
1398-6 C3337

柴田義松・宮坂琇子編著
教育心理学
A5判　160頁　定価 1575円

教育心理学の分野に含まれる発達や学習の基礎理論から障害児の心理と教育，学校カウンセリングまで，最近の動向を含む幅広い内容を一問一答形式で簡明平易に解説。
1399-4 C3337

柴田義松編
教育課程
A5判　160頁　定価 1575円

教育現場に広がる教育病理現象を克服し，子ども不在の教育改革を打開する為に今求められる教育課程のあり方を探る。全領域の基本をおさえた一問一答のテキスト。
1556-3 C3337